AF244683

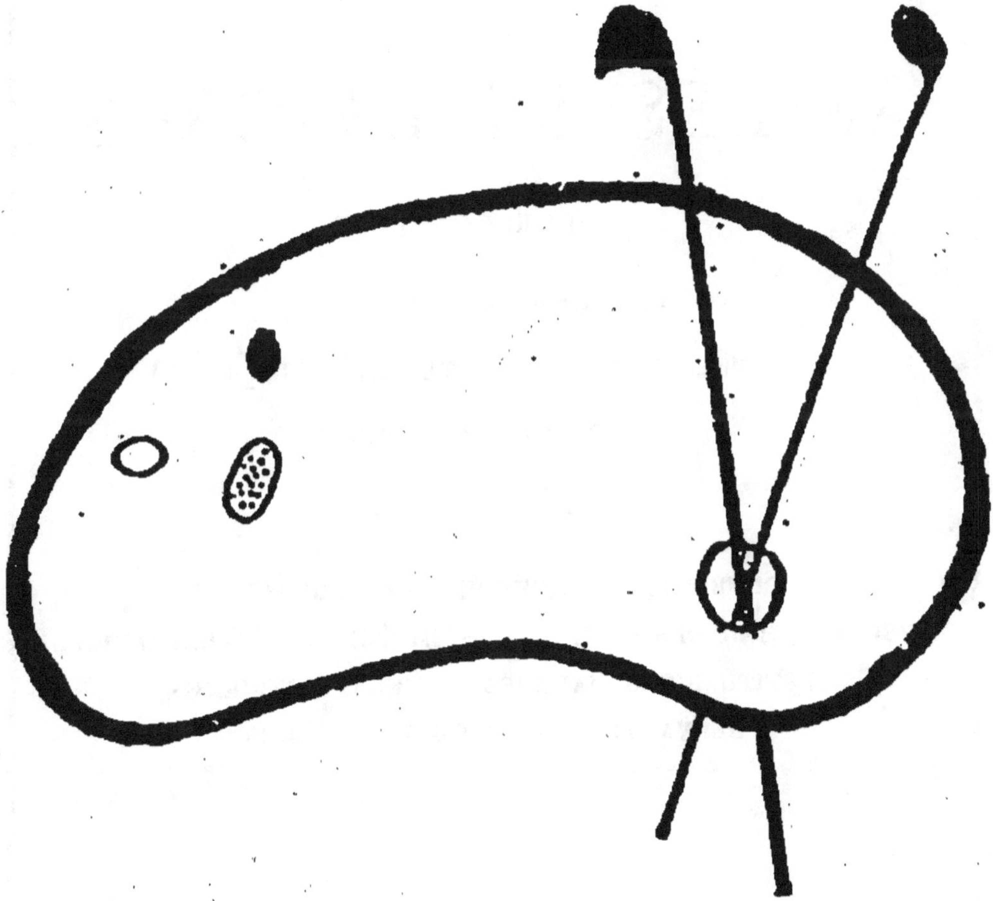

DEBUT D'UNE SERIE DE DOCUMENTS
EN COULEUR

LES

ASILES DE LAFORCE

(DORDOGNE)

RECONNUS PAR L'ÉTAT

COMME ÉTABLISSEMENTS D'UTILITÉ PUBLIQUE

le 7 septembre 1877

ORPHELINES — INFIRMES — INCURABLES
AVEUGLES MALADES — IDIOTS — IMBÉCILES — ÉPILEPTIQUES
INSTITUTRICES MALADES — VEUVES INFIRMES
SERVANTES AGÉES OU INCURABLES

PARIS

AUX LIBRAIRIES PROTESTANTES

—

1879

PARIS. — IMPRIMERIE DE CH. NOBLET

13, RUE CUJAS. — 6905

AVIS TRES IMPORTANT

(Ne le perdez jamais de vue)

Adresser tout ce qui concerne l'Administration des Asiles à M. le pasteur JOHN BOST, directeur, et mettre sur l'enveloppe :

« DIRECTION DES ASILES. »

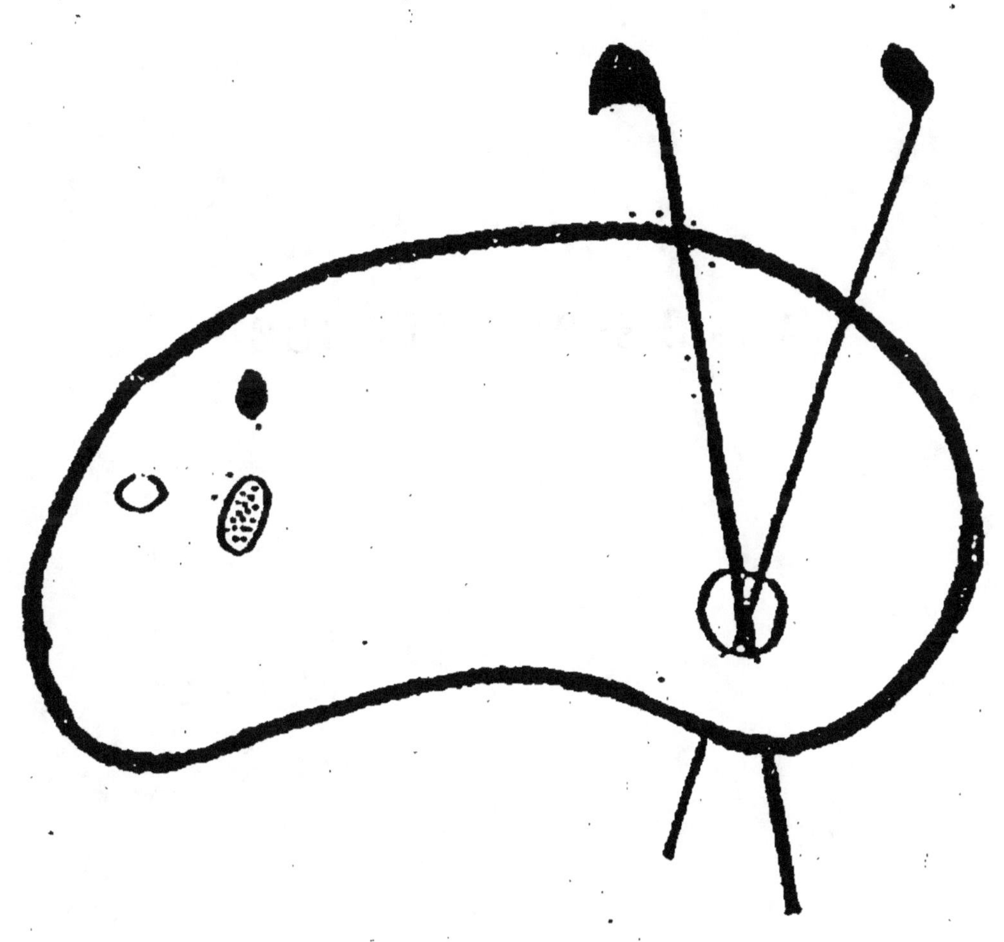

FIN D'UNE SERIE DE DOCUMENTS
EN COULEUR

LES

ASILES DE LAFORCE

LES
ASILES DE LAFORCE

(DORDOGNE)

RECONNUS PAR L'ÉTAT

COMME ÉTABLISSEMENTS D'UTILITÉ PUBLIQUE

le 7 septembre 1877

ORPHELINES — INFIRMES — INCURABLES

AVEUGLES MALADES — IDIOTS — IMBÉCILES — ÉPILEPTIQUES

INSTITUTRICES MALADES — VEUVES INFIRMES

SERVANTES AGÉES OU INCURABLES

PARIS

AUX LIBRAIRIES PROTESTANTES

—

1879

LES ASILES DE LAFORCE

La Famille . . . Asile pour des jeunes filles : 1º orphelines ;
2º placées dans un mauvais entourage ;
3º de protestants disséminés.

Béthesda . . . . Asile pour des jeunes filles : 1º infirmes ou
incurables ; 2º aveugles ou menacées de
cécité ; 3º idiotes, imbéciles ou faibles
d'esprit.

Eben-Hézer. . Asile pour des jeunes filles épileptiques.

Siloé . . . . . Asile pour des *garçons* : 1º infirmes ou incurables ; 2º aveugles ou menacés de cé-
cité ; 3º idiots ou imbéciles.

Béthel. . . . . Asile pour des *garçons* épileptiques.

Le Repos. . . . Asile pour des institutrices incurables, des
maîtresses d'école infirmes, des dames
veuves ou célibataires malades ou sans
ressources.

La Retraite. . Asile pour : 1º des servantes, des femmes
veuves ou célibataires, malades ou in-
firmes et sans ressources, que leur éducation ne permet pas d'admettre au Repos ;
2º des femmes infirmes ou incurables,
exclues par leur âge ou par d'autres motifs de l'Asile de Béthesda.

La Miséricorde. Asile ouvert à des filles : 1º idiotes gâ-
teuses, ayant perdu toute leur intelli-
gence ; 2º épileptiques qui sont idiotes et
infirmes.

Conseil d'administration.

Président, John Bost, pasteur, directeur, trésorier.

Vice-président, L. Domenget, juge d'instruction près le Tribunal de Bergerac.

Secrétaire, E. Robert, pasteur à Sainte-Foy.

Assesseurs :
E. Monbrun, pasteur, président du Consistoire de Sainte-Foy.
G. Fouignet, propriétaire.
H. Lauga, pasteur, président du Consistoire de Montcarret.
Henri Couve, de Bordeaux.
Gustave Boy, propriétaire.

RAPPORT

sur les

ASILES DE LAFORCE

année 1878

———

Chers Bienfaiteurs,

Permettez-nous de placer sous vos yeux un extrait du procès-verbal de la séance du Comité du 18 octobre 1878.

« La question des droits d'enregistrement à payer à l'Etat étant enfin résolue, il peut être procédé à l'Acte notarié par lequel M. Bost, fondateur, directeur des Asiles, cède au Conseil d'administration, représentant légal de l'Œuvre, l'entière propriété de tous les biens immeubles, meubles qui s'y rattachent. »

« Le Conseil se rend en corps chez Me Raymondie, notaire, et le contrat est signé d'une part par M. Bost, partie cédante, et d'autre part par les membres présents du Conseil, MM. Domenget, Couve, Monbrun, Lauga, Boy et Robert, partie prenante. »

« Au retour, M. Bost demande que des actions de grâces soient rendues à Dieu pour cet acte si important, qui marque d'une manière définitive la phase nouvelle dans laquelle les Asiles sont entrés. »

Nous vous annoncions il y a un an la reconnaissance des Asiles par l'Etat comme établissements d'utilité publique, il restait encore une question bien grave à traiter, puis à résoudre, c'était celle des frais d'enregistrement à payer pour les droits de rétrocession. Cette question a été examinée à fond par les hommes les plus compétents.—La loi n'admettait pas d'exception, il fallait payer les droits proportionnels, à moins que l'on ne pût prouver d'une manière irréfutable que tous les meubles et immeubles avaient été payés avec l'argent de la charité,— et toujours en vue de la reconnaissance des Asiles par l'Etat. Ce travail a été fait et les droits à payer à l'enregistrement se sont élevés à la somme de 4,115 francs.

C'était la dernière formalité à remplir avant la

prise de possession des Asiles par notre Conseil d'Administration. L'acte est passé, les Asiles sont en jouissance définitive des beaux immeubles que la charité a donnés aux déshérités.

L'avouerai-je ? Après la signature de l'acte je me suis écrié : « Je puis mourir en paix. » Le lourd fardeau de responsabilités que je portais, bien malgré moi depuis trente ans, était enlevé de dessus mes épaules. Je respirais, je vivais et je saluais ces Asiles comme s'ils eussent été mes libérateurs.

Je ne saurais oublier de quelle sympathie j'ai été entouré par MM. les Ministres et dans les bureaux des Ministères, chargés de l'examen des questions se rapportant à la reconnaissance des Asiles et aux droits de rétrocession. M. Alfred André n'a cessé de me diriger et souvent de relever mon courage dans mes pénibles travaux. De tels services ne s'oublient pas.

Nos asiles sont donc entrés dans une phase toute nouvelle de leur existence. La première période, que nous appellerons de fondation ou de création, a duré trente ans, de 1848 à 1878. L'ère nouvelle qui s'ouvre devant nous sera celle du perfectionnement intérieur, du développement de l'Œuvre.

Il nous sera permis, et ce sera répondre aux vœux exprimés dans les divers Ministères, et par tant d'amis des Asiles, de raconter à grands traits notre histoire. Nous devons ces détails, connus seulement d'un petit nombre d'amis, à un public qui nous est devenu sympathique, dès que notre Œuvre a été signalée aux philanthropes par la reconnaissance comme établissement d'utilité publique, et plus récemment encore, par nos succès à l'Exposition universelle.

<h2 style="text-align:center">NOTICE HISTORIQUE.</h2>

Le 24 mai 1848, La Famille ouvrait ses portes à trois classes de jeunes filles : 1° l'orpheline de tout âge ; 2° la jeune fille issue d'union illégitime ; 3° des jeunes filles placées dans des circonstances très difficiles. A cette époque, il n'existait pas en France d'Asiles semblables, et toutes les Eglises appelaient de leurs vœux la fondation d'un établissement qui pût recueillir ces jeunes filles, exposées à des dangers imminents.

Des circonstances particulières m'avaient amené à exercer mon ministère à Laforce. A peine installé, je cherchai à exécuter le plan de cette fondation si désirée. Le souvenir de mes visites dans les hôpitaux de Paris, alors que j'étais artiste, le cri que me fit entendre une mère trop jeune : « Si vous saviez ce que c'est que d'être laissée orpheline à quinze ans dans les rues de Paris ; » le cri plus aigu encore d'une jeune fille qui se précipite à mes pieds en s'écriant : « Sauvez-moi ; » un ami qui m'envoyait de Pise une petite orpheline de cinq ans ; bien d'autres faits que je ne puis citer me décidèrent à fonder La Famille. — Je soumis ce plan à MM. Adolphe Monod, G. de Félice, Bonifas père, professeurs à la faculté de Montauban, Marzials, pasteur, Babut père, à madame Babut, qui l'examinèrent dans ses détails et dans son ensemble. — Ce plan réunit tous les suffrages. Une lettre de recommandation fut signée par ces messieurs, et j'entrepris ma première tournée de collecte. Je ne dirai pas par quelles épreuves je dus passer, toutes mes peines sont oubliées. Je revins à Laforce, rapportant la somme voulue, et deux ans après La Famille était fondée pour recevoir quarante jeunes filles.

Je rencontrai chez mes paroissiens un zèle digne de tout éloge ; ils transportèrent gratuitement tous les matériaux pour cette importante construction.

La Famille a dû être agrandie ; des terrains ont été achetés et à ce jour elle compte quatre-vingt-sept jeunes filles. L'instruction, l'éducation que nous donnons à nos enfants ont pour but de les préparer à devenir des servantes. Tout est dirigé dans ce but. Dès leur entrée elles sont initiées à tous les travaux du ménage. Celles qui annoncent une aptitude spéciale pour l'étude reçoivent une instruction qui leur permet de prendre leur brevet. — Nos jeunes filles sont placées dans toutes les parties du monde. Le plus grand nombre cependant reste en France. La Directrice et la cuisinière de la *Miséricorde*, l'infirmière en chef du *Repos* sont les anciennes élèves de la Famille.

Les lettres que nous recevons de nos élèves nous disent toutes combien précieuse a été pour elles cette chère « Famille, » qui les a préservées du vice pour leur créer une position honorable. D'autres nous écrivent : « Vous m'avez élevée, je demande pour ma fille le même privilège, je ne connais qu'une maison où je puisse déposer ma chère fille, c'est La Famille. »

La fondation de La Famille fut saluée avec joie, mais nos amis perdirent de vue le but de cet Asile. Dans les orphelinats déjà existants, comme dans beaucoup de familles, se trouvaient des jeunes filles faibles d'esprit, idiotes ou imbéciles, des infirmes, des incurables, des jeunes filles aveugles ou menacées de cécité.

« Recevez, nous écrivait-on souvent, recevez ma protégée, je vous en prie. C'est un cas si intéressant. Hélas ! elle est idiote, la mère l'est aussi, la grand'mère l'était ; il y a urgence : l'idiote a quatorze ans ; il est à craindre qu'elle ne subisse le sort de sa mère. »

« .... Une de nos chères orphelines se meurt de la poitrine, elle est incurable, nos règlements ne nous permettent pas de la garder, nous allons vous l'envoyer.... »

« .... Nous avons une jeune aveugle orpheline exposée à toutes sortes de dangers, ouvrez-lui les portes de votre Asile si bien nommé La Famille.... »

La Famille ne pouvait être transformée en hôpital. Les demandes d'admission étaient nombreuses et je prévoyais bien qu'il faudrait fonder un nouvel Asile. Mais, oserais-je affronter un deuxième voyage de collecte? Une fois, c'est déjà beaucoup, mais deux fois ! d'autre part, l'entretien de La Famille nécessitait déjà de fortes dépenses.

Un jour je reçus de Paris une lettre conçue en ces termes : « .... Je vous supplie de recevoir une pauvre petite créature qui est dans les circonstances les plus tristes : elle a été ramassée sur un tas de fumier, la mère est en prison. Impossible de refuser cette admission dans votre Famille.... » L'enfant, ajoutait-on, avait tous les caractères de l'imbécillité.— Je ne pouvais hésiter, et répondis de suite : « C'est impossible, La Famille ne saurait recueillir des idiotes, ne l'envoyez pas. »

Ma lettre était à peine à la poste, qu'un omnibus stationnait devant mon presbytère. — Ma domestique m'annonce des visites et me remet une lettre. Je lus : «Nous ne pouvons attendre votre réponse, et nous vous envoyons l'idiote. — Nous vous demandons pardon, mais nous ne pouvons agir autrement.... »

Je me précipite dans le vestibule et je vois, dans un angle à terre, une masse informe, c'était l'idiote. A l'autre angle debout était ma pauvre domestique. — La voiture était repartie avec la personne qui avait amené l'enfant. Et voilà dans mon délicieux presbytère, le pauvre pasteur, sa fidèle domestique et la petite idiote, trois personnes dont deux croient rêver et se demandent où elles sont, ce qui se passe. Un balai était à notre portée, vous comprenez ! Ma domestique courut prévenir les Directrices de La Famille, elle pensait devoir la leur remettre. Je sortis et les laissai procéder au nettoyage de l'enfant ! Quelle œuvre ! Deux heures après, en rentrant, je trouvai l'idiote, vêtue de vêtements propres. On lui avait donné les premiers, les deuxièmes et les troisièmes soins. La tête avait été rasée, cela était nécessaire. — La petite était étendue dans le corridor, couvrant le plancher de sa bave ; ma domestique me regardait, mais pas en face.

La Famille avait déjà reçu comme exception l'idiote de quatorze ans mentionnée plus haut. N'y avait-il pas un appel de Dieu à fonder un nouvel Asile ? Mais où ? Dans mon presbytère ?... Ce presbytère recevait souvent des amis en visite venant de Paris, de la Suisse ou d'Angleterre. Ne serait-ce pas le leur fermer à l'avenir ou même me mettre dans l'impossibilité d'exercer l'hospitalité envers ceux qui voudraient visiter notre Famille pour lui faire du bien? Cette maison si propre, ces murs blancs si bien tenus qui excitaient l'admiration de tous, qu'allaient-ils devenir? Je réfléchis un instant, puis j'appelai : « Ton. » — (C'était le nom de ma domestique.) « Monsieur. »

La conversation en resta là, mais Ton fondit en larmes. L'émotion me gagna : elle avait compris.

Le lendemain les deux idiotes étaient installées au presbytère. La mère de Ton vint loger chez moi et consentit à les prendre dans sa chambre. Ton se chargeait de leur toilette, de leurs repas et de leurs promenades, et moi, je m'occupai de l'éducation des idiotes, ou plutôt de la mienne.

Passons rapidement par-dessus les premiers mois d'épreuve, d'aversion croissante pour l'éducation des idiotes. Pourrai-je cependant oublier le jour où ces deux enfants, accompagnées de mon harmonium, se mirent à chanter d'une voix pure un petit cantique? Non, pas plus que celui où elles dirent au docteur qui venait me voir : « Donnez-moi votre chapeau, monsieur. » Je vois encore l'attendrissement de ce bon docteur, ami si dévoué des asiles, s'écriant : « Que leur avez-vous donc fait ? Elles parlent !. »

L'éducation des idiotes était donc possible. Il allut songer à la création d'un asile. Des orphelines incurables, des aveugles, étaient provisoirement placées dans La Famille. Je louai une petite maison et la fis approprier pour recevoir nos malades. Elle fut ouverte le 1er janvier 1855. Un service de dédicace bien modeste eut lieu. Ceux qui y ont assisté ne l'oublieront pas. L'Œuvre grandissait ; le local devint trop petit. Une propriété de douze hectares en plein rapport me fut offerte ; elle avait des vignes, des prés, de l'eau, des arbres fruitiers, de charmants ombrages sur le versant de la colline. Le prix était de 45,000 francs. Où trouver cette somme ?

Je partis « sans savoir où j'allais, » mais je me trouvai à Paris. Le 30 mars, dans les salons de la vénérable madame André Walther, eut lieu une première réunion en faveur de *Béthesda*. Le cher Adolphe Monod, déjà malade, la présidait. Tous les cœurs étaient attendris. La cause était gagnée et la collecte fut abondante. De Paris, je me rendis en Angleterre. Au mois de juin, je rentrai à Laforce, la propriété fut achetée, et, le 15 no-

vembre 1855, l'Asile de Béthesda (Jean V, 2, 3)
fut consacré au Seigneur en présence d'un immense concours d'amis.

Béthesda a été considérablement agrandi. La
maison est entourée de jardins, de haies vertes
qui servent de murailles. Que de cœurs brisés ont
été reçus depuis lors dans cet asile, où bien des
larmes ont été séchées, et où tant de créatures
chétives ont été rendues à la vie, à la santé. Les
maladies, les infirmités les plus diverses se sont
donné rendez-vous, sous ce toit.

Il avait fallu faire subir à mon presbytère une
réparation importante, raboter les planchers,
blanchir à plusieurs couches les murailles. Le
calme avait reparu dans cette paisible habitation ;
elle n'était plus « hantée par les malins esprits, »
par les « génies malfaisants. » Que n'a-t-on pas
dit sur les pauvres idiots, sur ces créatures redou-
tables, ces démons dangereux. C'est ainsi qu'on
appelait mes enfants adoptifs, les idiotes.

Le presbytère devait recevoir un second bap-
tème : « Les garçons ne valent-ils pas les filles? »
s'était écrié un jeune homme perclus de tous ses
membres, choréique martyr d'une marâtre, quand

on lui dit que l'asile de Béthesda ne recevait que des filles.

Ce cri de désespoir fut pour moi une révélation et je décidai la fondation de *Siloé*. Mon presbytère s'ouvrit pour ce pauvre choréique, pour un jeune cul-de-jatte, pour un orphelin poitrinaire et pour un aimable petit garçon couvert de plaies, auquel les médecins avaient déclaré que l'amputation de la jambe était impossible, qu'il faudrait amputer tout le corps. C'est ainsi qu'il s'exprima (c'est textuel), en saisissant mes mains avec effusion.

La fondation de Siloé fut bientôt connue de toutes les Églises, et je reçus de nombreuses demandes d'admission pour les orphelins incurables, idiots, aveugles. Le presbytère devint trop petit pour contenir les malades.

Sur le versant du coteau se trouvaient à vendre deux masures attenantes l'une à l'autre. Je les achetai, et, après les réparations les plus urgentes, nos malades y furent installés sous la direction d'un infirmier et de sa femme, qui nous inspiraient toute confiance. Les orphelinats nous envoyaient leurs incurables, les idiots et les aveugles qui compliquaient la marche régulière de leur œuvre. Le temps des petits commencements était passé ; il fallut créer à Siloé sa demeure définitive. Une propriété à trois kilomètres de Laforce fut achetée ; des constructions importantes y furent faites, et la direction de cet asile fut confiée au vénérable M. Castel et à sa digne compagne, qui, pendant sept années, ont consacré leur vie au soulagement de cette famille d'affligés.

« Reposez-vous, cher ami, » m'écrivait-on de tous côtés, « laissez agir les autres ; d'ailleurs, il est dit : « Qui trop embrasse mal étreint. » L'Evangile n'a pas dit cela.

Ah oui ! laissez agir les autres ! Que ce serait admirable si « les autres » voulaient agir et que les charges fussent réparties d'une manière égale dans l'Église chrétienne !

Nous avions dans l'asile de Béthesda deux jeunes filles qui nous avaient été envoyées ayant des crises nerveuses. Les certificats des médecins, malgré nos instantes prières, n'avaient pas dit d'une manière précise ce qu'étaient ces crises. Hélas ! nous avions sous les yeux deux épileptiques. Elles répandaient la terreur parmi leurs compagnes infirmes, et nos idiotes reculaient d'épouvante. Les aveugles, de leur côté, subissaient le contre-coup de cette terreur qui troublait l'asile à la réapparition de chaque crise.

Sur le conseil des médecins, je m'étais absolument interdit d'admettre des épileptiques. Les demandes d'admission pour ces pauvres créatures étaient nombreuses, et sur mon bureau se trouvait un paquet de lettres avec cette annotation : « Refus pour cause d'épilepsie. »

Mais elles étaient sous nos yeux, dans l'asile de Béthesda, ces pauvres épileptiques. Que fallait-il en faire ? Il n'y avait aucun asile pour elles. Les garder dans Béthesda, c'était compromettre notre Œuvre. Les directrices elles-mêmes reculaient d'épouvante à la vue de ces affreuses crises.

Les recevoir dans mon presbytère ? Cette fois c'était impossible. C'était fermer la porte à mes paroissiens, à mes nombreux visiteurs ; disons tout, c'était m'exposer, après mes fatigues du jour, à des émotions qui auraient pu devenir funestes.

Ouvrir un nouvel asile ? Tout préoccupé, soucieux, ne sachant que devenir et répétant ces paroles : « Laissez agir les autres ; qui trop embrasse mal étreint, » je sentais mon cœur devenir lâche, quand une lettre de la vénérable madame François Delessert me fut apportée. J'y lus... « Une jeune Suissesse, âgée de dix-neuf ans, a des crises d'épilepsie qui l'ont rendue difforme, on ne veut la recevoir dans aucun asile. La Société helvétique ne sait qu'en faire. La mère de cette malheureuse vient de mourir ; elle est seule, orpheline, dans un obscur réduit et n'a personne pour la soigner. »

Je lisais encore la lettre lorsqu'on vint me chercher pour aller en toute hâte à Béthesda. Je me rendis dans cet Asile et trouvai toutes nos malades groupées dans le jardin, en proie à la plus vive agitation. Dans la lingerie était étendue, presque immobile, une de nos épileptiques. Les directrices seules étaient restées auprès d'elle. Je fus reçu par ces paroles : « Nous ne pouvons suffire à la tâche ; nos enfants deviendront toutes épileptiques, elles ont tellement peur pendant la nuit. »

Ma coupe débordait. Je décidai la fondation d'un nouvel Asile, et, regardant en haut, je m'écriai : « Eben-Hézer » (jusqu'ici l'Éternel nous a secourus). Je me rendis alors auprès de nos pauvres filles et leur annonçai la création d'Eben-Hézer.

Nos directrices s'approchèrent, après avoir déposé leur malade sur de bons matelas. Nous reprîmes courage et fîmes immédiatement nos plans pour le nouvel asile.

Le calme avait reparu, et bientôt je me retrouvai seul à la même place devant ce Béthesda qui, déjà, m'avait causé tant de soucis, mais qui aussi avait été pour moi une source de tant de joies.

Seul ! Non ; je venais de me mettre au service de mon Maître ; je le sentais près de moi.

Au nord de la propriété de Béthesda se trouvaient deux masures occupées par des voisins qu'il était bon d'éloigner. Peu de jours après elles m'appartenaient. Les ouvriers furent mis à l'œuvre pour approprier une petite maison, qui put recevoir dix pensionnaires avec leurs directrices. Je leur donnai deux mois pour que tout fût achevé.

Je partis ensuite pour Paris, sachant que des épreuves m'y attendaient. Une réunion publique avait été convoquée dans le temple de la Rédemption ; c'était le 4 février 1862. Le vénérable M. François Delessert la présidait. Auprès de lui se trouvaient réunis la plus grande partie des pasteurs de Paris, et l'auditoire était nombreux.

Après avoir rendu compte de la marche des Asiles La Famille, Béthesda, Siloé, j'allais annoncer la fondation de l'Asile Eben-Hézer, mais un frisson glaça tous mes membres, le temple semblait tourner autour de moi, quand la scène de Béthesda, mentionnée plus haut, se retraça à mes yeux, et je m'écriai : « Je vous annonce la fondation d'un nouvel asile. » A ce moment les messieurs prirent leurs chapeaux, les dames se levèrent, et j'allais me trouver seul avec mon Eben-Hézer dans le cœur. D'une voix tremblante d'émotion, je m'écriai : « C'est pour les orphelins épileptiques. » On m'a dit depuis que j'avais prononcé ce mot « épileptiques » avec un tel accent de douleur et de sympathie que personne n'osa bouger. En effet, l'auditoire reprit sa place. Je lus quelques lettres dans lesquelles on me suppliait de recevoir les épileptiques. Je racontai la scène qui s'était passée à Béthesda. Le vénérable président se leva, me tendit la main, et, avec une émotion visible, me dit : « Nous vous aiderons ; je vous donnerai mille francs, et plus encore, s vous voulez. » Des Messieurs s'approchèrent de l'estrade, me remirent leurs cartes en ajoutant : « Venez nous voir, nous avons tout compris. »

La cause était gagnée sans discours, sans paroles. Le 21 avril 1862, la dédicace de cet Asile se fit sous la présidence de M. le professeur G. de Félice. Plus de deux mille personnes assistaient à cette solennité. Trois épileptiques étaient dans leurs lits, cachées par les arbres du jardin. Au moment de la prière, quatre hommes soulevèrent l'un de ces lits sur lequel était couchée une petite épileptique. L'émotion avait gagné tous les cœurs. M. le pasteur Bastie, chargé du premier discours, se leva et, d'une voix pleine de larmes, dit : « Après une scène comme celle dont nous avons été témoin, on ne parle pas. »

Eben-Hézer a été considérablement agrandi. Quelques chambres particulières pour des cas spéciaux ont été ajoutées. Une hydrothérapie avec tous ses accessoires termine nos bâtiments. Ce sont nos amis de Mulhouse, par la sympathie active de la famille Siegfried, qui nous ont fait don de ce complément indispensable de notre Œuvre.

Les journaux ont rendu compte de la dédicace d'Eben-Hézer. Les épileptiques, disait-on, ont leur avenir assuré. Laforce ouvre ses portes aux souffrances les plus cruelles. Nos amis en concluaient que les garçons comme les filles seraient admis dans l'Asile Eben-Hézer et qu'on pouvait envoyer les orphelins épileptiques, sur « cette terre de la charité, » comme l'appelle M. le pasteur Monbrun.

Il nous en a coûté de refuser à des amis dévoués l'admission de leurs protégés, et de ne pouvoir procurer à de pauvres garçons épileptiques les soins que nécessitait leur état. Nous avons supplié les chrétiens d'ouvrir un Asile pour les épileptiques, mais c'était à Laforce que cette Œuvre devait trouver sa place.

Un jour, je reçus une lettre de Neuchâtel. Un ami, bien cher, que je ne connaissais pas alors, me priait de recevoir un garçon de douze ans ; il ajoutait : « Nous nous sommes adressés à tous les Asiles de Suisse et d'Allemagne ; nous n'obtenons que des refus. Il serait admis dans un Asile d'aveugles, mais il est idiot, on n'en veut pas. Il entrerait dans une maison de sourds-muets, mais, infirme et presque paralysé, on ne peut le recevoir. De plus, il est épileptique.

Quelques mois se passèrent avant que la question qui m'oppressait pût être résolue. « Envoyez-le-moi » fut ma réponse, et la fondation de Béthel fut décidée. *Prince*, c'était son nom, fut la première pierre de l'édifice. Prince était aveugle, sourd-muet, idiot, paralytique et épileptique.

La porte une fois ouverte, il n'y avait plus moyen de la fermer. Les pauvres garçons qui attendaient en soupirant la fondation de l'Asile qui devait les recevoir, nous arrivèrent. Nous ne pouvions les repousser. Au temps du Sauveur les disciples disaient : « Renvoie-les, car ils crient après toi. » Mais Jésus disait : « *Amenez-le-moi* » (Marc IX). Que tous les chrétiens méditent cette parole.

Les débuts furent très modestes, il en fut de même pour tous nos asiles, mais Dieu ne méprise pas les petits commencements.

Aujourd'hui, Béthel est situé à côté de l'Asile de Siloé. Il a ses constructions particulières, ses terres, sa comptabilité. Par son développement rapide il a pris place à côté de ses devanciers, et occupe une grande place dans le cœur des amis qui nous visitent. Bien des familles en lisant ces lignes essuieront une larme et diront : « Mon fils y a été aimé, il était bien soigné, et à sa dernière heure nous savons que ses parents adoptifs veillaient sur lui. »

Quelque temps après la fondation de Béthel et lorsque je croyais avoir ouvert un refuge aux plus grands maux, des demandes d'une autre nature vinrent imposer à mon cœur la fondation d'une Œuvre nouvelle. « C'était bien à Laforce que l'idée du *Repos* devait prendre naissance » nous écrivait une amie, lorsqu'elle apprit que cet Asile était en projet. Offrir aux veuves délaissées qui avaient connu la prospérité, aux institutrices, aux maîtresses d'école qui ont dépensé leur vie à élever les enfants des autres, une retraite honorable quand, épuisées et sans ressources, elles doivent renoncer à leur belle mission : telle est en effet la pensée qui a présidé à la fondation de cette Œuvre. Son apparition a été saluée avec un sentiment de vraie sympathie. Et cependant, de tous nos asiles c'est le Repos qui a soulevé le plus d'objections. Pourra-t-on réussir à établir une cordiale entente entre tant de caractères divers, aigris peut-être par la souffrance, la maladie ou des épreuves de toutes sortes? Ayant goûté de l'indépendance, les malades pourront-elles accepter la discipline de la maison? « Pourrez-vous éviter les jalousies, me disait-on, lorsqu'il faudra donner à une malade des soins spéciaux, et peut-être une nourriture particulière? »

Ah! des objections! j'en ai entendu et je pourrais en remplir tous les appartements du Repos. Il est bon d'examiner toutes choses et de retenir ce qui est bon.

Pendant des années mon plan est resté sur le papier, j'ai pris note des difficultés qui m'étaient signalées, et lorsque enfin ce plan eut été bien mûri, je me mis à l'œuvre.

Déjà l'Asile de Béthesda me donnait d'utiles leçons. Des veuves, des institutrices, des demoiselles âgées infirmes occupaient de petits dortoirs et prenaient leurs repas avec les enfants. La discipline de la maison les gênait, mais elles étaient à Béthesda parce que Le Repos n'existait pas, et qu'elles auraient été sans asile si nous ne les avions pas recueillies. Ces dames étaient pour la direction une source d'ennuis incessants.

Que de lettres je recevais dans lesquelles on me suppliait de « trouver une petite place, une petite chambre » pour une charmante institutrice malade, mourante. « Nous demandons une chambre particulière pour une veuve malade si intéressante, » voilà ce qu'on nous écrivait, mais, ces chambres particulières, nous ne les avions pas, et nos refus étaient aussi absolus que les demandes avaient été instantes.

Dans les cas de maladies graves nous souffrions aussi de cet état de choses. Nos mourantes avaient besoin de recueillement et de soins qui réclamaient l'isolement. L'heure était venue où mes indécisions devaient prendre fin et j'annonçai aux Églises de France la fondation du *Repos*. Ce nom de Repos fit sourire bien des personnes, mais il résumait mes désirs et mes espérances sur cet Asile. Il fut maintenu.

Le plan longuement étudié, un peu modifié, puis approuvé par le Conseil, fut adopté. Il comprend un vaste salon, une salle à manger pouvant contenir cinquante personnes. Quarante chambres, les infirmeries, de vastes corridors; des jardins, des bosquets autour de la maison, voilà Le Repos dans sa partie matérielle. Il domine la splendide plaine de la Dordogne.

Cet Asile fut ouvert en présence d'un immense auditoire, le 10 juin 1875, sous la présidence de M. le professeur Jules de Seynes. Le matin de ce même jour une prédication émouvante de M. le pasteur Coulin de Genève nous avait préparés pour la solennité qui allait suivre.

Après les travaux, les luttes, les désespoirs, les vies de dévouement, vient Le Repos.

Les servantes âgées, infirmes ou incurables, à leur tour, sollicitaient leur entrée au Repos. Là était pour nous une difficulté : nous ne pouvions mélanger les diverses classes de la société ; c'eût été compromettre notre Œuvre. Les positions sociales doivent être respectées et nous ne saurions oublier quel a été le passé de nos Dames du Repos. Habituées à vivre dans un milieu cultivé, elles ont droit à le retrouver dans cet Asile préparé pour les derniers temps de leur existence.

Fallait-il fermer nos portes, notre cœur, qui est la porte la plus difficile à ouvrir, à ces pauvres femmes qui dans une humble sphère d'activité ont rendu tant de services ? Ces services, rendus fidèlement aux familles qui n'ont pas toujours pu leur assurer un bien-être, nous ne saurions les oublier. Nous avons connu des domestiques qui, ayant à prendre soin de parents infirmes, n'ont rien pu conserver de leurs modestes gages. Devenues âgées et malades, il ne leur restait que le désespoir. Ces humbles femmes ont leur Asile assuré, c'est La Retraite.

Douze petites chambres bien modestes, mais donnant toutes sur une galerie qui entoure la maison, leur permettent de jouir de l'air pur de la campagne, de goûter un peu de repos.

La Retraite a été installée peu de temps après Le Repos. La maison était toute prête. Les dames qui devaient entrer au Repos y avaient été logées quelque temps. Avec peu de réparations, nous avions pu approprier cette maison aux exigences de l'Œuvre.

L'Asile La Miséricorde, de fondation récente, est de tous celui qui a été reconnu le plus nécessaire et qui a soulevé le moins d'objections.

Béthesda, Eben-Hézer depuis quelques années étaient devenus deux Asiles très difficiles à diriger, et dans lesquels il se faisait autant de mal que de bien. Ce n'était pas notre but. Aussi souffrions-nous tous de cet état de choses, mais nous n'y pouvions apporter remède qu'en fondant un autre Asile. Était-ce possible? Déjà on nous accusait de créer des infortunes pour ouvrir des maisons de refuge. Nos amis se disaient fatigués de la multiplicité des œuvres de charité à Laforce. Souvent nous avions entendu répéter cela et en termes peu agréables.

Nos directrices, si dévouées, se désolaient. Leurs plaintes devenaient presque des gémissements. Je n'osais les aborder. Nos malades jouissant de la plénitude de leurs facultés ne pouvaient supporter le bruit qui se faisait autour d'elles. Cela troublait leur sommeil. Les médecins me disaient aussi que ce mélange de maladies et d'infirmités produisait un état fàcheux dans l'Asile et que le mal empirait.

Ces deux Asiles avaient reçu de jeunes idiotes dont le développement intellectuel était possible, ou des épileptiques ayant conservé l'usage de leurs facultés. En avançant en âge, ces facultés avaient disparu, l'idiotie avait augmenté et des infirmités de toute sorte étaient venues aggraver leur état. Chez les épileptiques, c'était pire encore, les crises devenaient plus fréquentes et plus fortes, et les cris qu'elles poussaient, sans en avoir conscience, n'avaient plus rien d'humain. Au sortir de leurs crises, plusieurs avaient des accès de folie, souvent de folie furieuse. Il y avait du danger à se trouver sur leur chemin.

Un tel voisinage devenait la terreur de nos infirmes, un objet de dégoût pour nos malades, pour nos épileptiques intelligentes et dont le système nerveux est plus ou moins excité. Que manquait-il donc pour amener cette réforme indispensable? Un nouvel Asile. Et que fallait-il pour fonder cet asile? L'argent.

Ah! l'argent! Il y en a pourtant beaucoup, mais où se cache-t-il? On ne l'a jamais emporté ni dans le ciel ni dans l'enfer. Il reste ici-bas. Que devient-il après nous? Nous savons où on pourrait en trouver, et que de bien feraient et se feraient à elles-mêmes les personnes qui l'enfouissent sous terre, si elles voulaient faire valoir leurs talents.

Le Conseil d'Administration, très désireux de voir fonder ce nouvel Asile, ne voulait cependant pas approuver les plans avant que les fonds nécessaires à sa construction ne fussent trouvés. Un appel fut adressé au public, mais la somme venait lentement. Le terrain fut acheté, il fallait encore trouver l'argent pour la construction.

Entreprendre un voyage de collectes, cela m'était impossible, et d'ailleurs j'estime qu'il doit être pourvu aux besoins des Sociétés religieuses autrement qu'en envoyant les pasteurs faire leur tour de

France, si même ce n'est pas le tour du monde.

J'attendais ! Pénible attente. Un jour je reçus de deux amies de nos environs une lettre me demandant de leur fournir les plans d'un Asile qui pût contenir cinquante pensionnaires.

Le plan fut fait : il comprenait les salles à bain et d'hydrothérapie, les dortoirs, les diverses salles où les enfants, divisées en plusieurs catégories, pourraient se tenir pendant la journée, les cellules, etc., etc.

Ce plan fut remis à nos amies, qui l'approuvèrent et me dirent : « Voici *cent mille* francs pour la construction de La Misericorde. » — L'entretien avait été court et je me retirai en pensant à cette parole : « N'aimez pas en paroles, mais par des effets et en réalité. »

Peu de jours après la construction était commencée, et, le 16 mai 1878, la dédicace de la Miséricorde avait lieu en présence d'une foule sympathique. Cet Asile s'est ouvert avec trente-deux pensionnaires.

Je m'arrête. Il faudrait écrire un volume pour raconter tous les incidents qui se sont passés pendant les trente années de notre existence. Que de témoignages d'un vif intérêt nous ont été donnés

par toutes les classes de la société, en France, en
Suisse, dans la Grande-Bretagne, la Hollande.
Plus de *trois millions* de francs ont été collectés.
Ah ! sans doute, il y a eu des heures de fatigue,
de tristesse, disons même de découragement.
Mais, elles sont passées et les Asiles subsistent.
Ils disent par leur présence que les Églises pro-
testantes de langue française ne sont pas mortes,
qu'elles ont la foi opérante par la charité.

Pourquoi n'ajouterions-nous pas qu'en dehors
de nos Églises, les Asiles de Laforce ont reçu des
témoignages de haute sympathie ? — En 1861,
l'Académie française, sur cent douze candidats, dé-
cernait au fondateur des Asiles le premier prix
Montyon (1). En 1866 il fut nommé chevalier de la
Légion d'honneur, «pour des Œuvres de charité
fondées dans la Dordogne. » En 1868 une médaille d'argent et une bannière furent décernées
aux Asiles par la Société de protection des ap-
prentis et des enfants placés dans les villes manu-
facturières. En 1873, à l'Exposition de Vienne, dans
la classe réservée à l'enseignement, les Asiles ont
obtenu une médaille de mérite. A l'Exposition

(1) Les Asiles Ében-Hézer, Béthel, Le Repos, La Retraite, La
Miséricorde ont été fondés depuis.

de Paris en 1878, dans la classe de l'Assistance publique, nos Asiles ont obtenu une médaille d'or. Disons enfin que, par décret en date du 7 septembre 1877, les Asiles ont été reconnus par l'État comme établissements d'utilité publique.

Ne nous glorifions pas, mais rendons grâces à ce Dieu tout bon qui a mis au cœur de son Église de servir de refuge aux souffrances les plus grandes qui se puissent voir dans notre pauvre humanité.

Les Asiles de Laforce auront certainement apporté leur petite pierre dans le grand édifice de la charité.

Nous rappelons à nos bienfaiteurs un des événements les plus importants qui se soient accomplis dans notre histoire ; nous voulons parler de la constitution d'un Conseil d'Administration auquel désormais devait revenir la responsabilité de l'Œuvre. Nous transcrivons ici les termes mêmes qui annonçaient cette nouvelle.

« Le 4 février 1873, les soussignés, tous amis dévoués des établissements, se trouvaient réunis par l'initiative du Directeur, M. John Bost, dans le salon de Meynard, sa résidence, en vue de délibérer sur les mesures à prendre pour assurer l'avenir. Il s'agissait, en particulier, de fonder un Comité de direction, pouvant se recruter indéfiniment, et pourvoir à toutes les éventualités possibles.

Dès le début de la séance, M. Bost exposa à ses collègues, dans une allocution écrite, l'ardent désir qu'il éprouvait de partager avec eux le lourd fardeau de responsabilité que la confiance des Églises a pu seule lui faire supporter jusqu'à ce jour. Depuis longtemps, il appelle de ses vœux la formation d'un Conseil de direction définitif et responsable. S'il ne l'a pas provoqué plus tôt, c'est que, pour fonder une Œuvre, une pleine liberté d'allures, une entière latitude laissée à l'initiative de la foi est nécessaire. On ne crée rien sans beaucoup risquer. Or, les Comités sont d'instinct conservateurs. Mais, à présent que les Asiles sont nés et ont grandi, que La Famille, Béthesda, Eben-Hézer, Siloé, Béthel et Le Repos ouvrent leurs portes à des centaines de malheureux, le moment est venu de les placer sous la tutelle d'un Comité qui représente l'élément de permanence, exerce un contrôle effectif, et, avec l'aide de Dieu, garantisse l'avenir. M. Bost eût désiré que les membres de ce Comité fussent nommés directement par les nombreuses Églises de France, de Suisse, d'Angleterre, d'Ecosse, d'Irlande et des vallées du

Piémont, qui soutiennent de leurs dons et de leur chaude affection les Asiles de Laforce. Mais, outre l'impossibilité matérielle du fait, il ne doute pas que son choix ne soit ratifié par tous, et, dès maintenant, il salue avec joie ce Comité qui marque pour lui l'heure du repos relatif et du calme d'esprit après la lutte et les travaux.

Ce discours, lu avec émotion et accueilli avec une cordiale sympathie, fut le point de départ d'une discussion approfondie, ayant pour but de préciser avec netteté le rôle que ce nouveau Comité aurait à remplir. Sera-ce un Conseil consultatif, un groupe d'amis que M. Bost rassemblera dans les cas difficiles, ou un Comité de direction et d'Administration, responsable de l'Œuvre, de telle sorte que rien d'important ne pourra se faire désormais sans son assentiment?

Interrogé sur ce point, M. Bost, en qui jusqu'à ce jour s'était personnifiée l'Œuvre, répondit en des termes que nous reproduisons, d'après le texte même du procès-verbal de la séance, afin de leur laisser toute leur énergie :

« Messieurs, » dit-il, « j'abdique entre vos mains « ma liberté de Directeur des Asiles. Je deviens « une simple personnalité au sein du Conseil qui

« sera seul désormais, dans son ensemble, Direc-
« teur et Administrateur des affaires. Vous aurez
« le droit de tout connaître, de tout contrôler. A
« chaque séance, la correspondance et la comptabi-
« lité vous seront soumises. Le Secrétaire prendra
« note des décisions du Conseil qui possède l'au-
« torité absolue, et le Directeur n'aura pas le droit
« de s'en écarter. En un mot, vous serez responsa-
« bles vis-à-vis des Églises, du public et de l'État.

    « Cette grave détermination, je ne la prends pas
« avec légèreté de cœur, mais de propos délibéré,
« avec réflexion, pour suivre les directions de Dieu,
« obéir à ma conscience, et répondre aux vœux
« des Églises et d'un grand nombre d'amis. »

LE CONSEIL D'ADMINISTRATION :

Président,   John BOST, pasteur, directeur.

Secrétaires,   { E. MONBRUN, pasteur.
                  { E. ROBERT, pasteur.

C. BASTIE, pasteur.

H. MARRAULD-DUPON.

GARRIGAT, docteur-médecin.

L. DOMENGET.

G. FOUIGNET.

Th. BOYER-GUILLON fils.

Dans les statuts, approuvés par l'État, art. 20
disposition transitoire nous lisons :

« Exceptionnellement, et par un acte de just
gratitude, M. le pasteur John Bost, fondateur de
Asiles de Laforce, sera, pendant toute sa vie
à moins de démission formelle, Président du Con
seil d'Administration et Directeur général d
l'Œuvre. »

Amis des Asiles, vous comprenez maintenan
la touchante histoire de nos fondations. Vous ave
donné une large part de votre sympathie à ce
pauvres qui ne sont plus des déshérités. Cett
Œuvre est la vôtre, ne le perdez pas de vue.

Le temps est court, nous ne vivons qu'une fois,
vivons alors pour Celui qui, étant riche, s'est fai
pauvre pour nous enrichir.

Votre tout dévoué,

JOHN BOST.

Laforce, 24 janvier 1879.

RAPPORT

SUR LA

MARCHE INTÉRIEURE DES ASILES

EN 1878

—

Nous allons faire passer rapidement sous vos yeux les événements de l'année qui vient de s'écouler. Elle a été riche en délivrances ; la bonne main de Dieu a reposé sur nos travaux. Et d'abord, nous voulons répondre à deux observations qui nous ont été faites à diverses reprises et souvent dans des termes sévères :

« Vous êtes trop *facile* pour les admissions. »

« Vous êtes trop *exigeant* pour les admissions. »

En suivant le précepte de l'Apôtre : « Examinez toutes choses, retenez ce qui est bon, » nous cherchons ce qu'il y a de bon à retirer de deux propositions qui se détruisent l'une l'autre. Des amis nous ont retiré leurs dons parce que notre

BULLETIN DU 1er JANVIER 1879

RÉCAPITULATION DE L'ANNÉE 1878

Demandes d'admission. — Entrées. — Sorties. — Morts.

NOMS DES ASILES	NOMBRE de PENSIONNAIRES	DEMANDES D'ADMISSION	ENTRÉES	SORTIES	MORTS
La Famille	87	23	8	10	1
Béthesda	75	26	10	7	5
Eben-Hézer	40	11	5	2	2
Siloé	90	50	18	8	1
Béthel	36	12	6	»	2
Le Repos	9	11	3	»	»
La Retraite	6	10	5	»	1
La Miséricorde	36	2	1	»	1
Totaux	379	147	56	27	13

Œuvre avait pris trop de développement. D'autres nous ont supprimé les leurs parce que nous n'ouvrions pas nos portes à leurs protégés. Ces derniers nous reprochent de marcher selon la chair et non par la foi. D'après ces amis, nous devions recevoir tous ceux qui frappent à nos portes, et laisser à Dieu le soin de pourvoir à l'entretien des Asiles. Nous déclarons, au nom même de la foi, que cette manière de comprendre la charité est en opposition avec les enseignements de l'Écriture sainte. Dans la primitive Église, les diacres chargés de la répartition des aumônes devaient avoir, avec les dons du Saint-Esprit, un bon témoignage et *la sagesse* (Actes VI, v. 3). L'examen le plus sérieux devait présider à l'admission des veuves dans l'Église (1 Timothée V, 9-11). Notre Conseil d'Administration, s'inspirant des préceptes de l'Écriture, veut persévérer dans la voie qu'il suit, qui est d'ajouter à notre foi la vertu, et à la charité la sagesse.

Examinez avec soin le tableau ci-contre, vous verrez, que, sur 147 demandes, nous avons prononcé 56 admissions. Nous ne mentionnons dans ces demandes que celles qui rentraient dans notre cadre. Nous ne vous parlerons pas des demandes

instantes qui nous ont été adressées en faveur
« de bons et fidèles chrétiens, mari et femme, de
soixante-douze et soixante-quinze ans, qui pourraient nous rendre de grands services. Des fous,
des folles à des degrés divers, de braves vieilles
filles qui seraient si heureuses d'être bien soignées dans leurs vieux jours, » etc., etc. Voici
l'extrait d'une lettre que nous avons reçue il y a
déjà quelques mois : « La vie m'est à charge ; je
voudrais entrer dans un bon asile pour qu'on ait
soin de moi. Je ne suis pas mal de visage, mais je
ne réussis pas! » Le Conseil d'Administration exa-
mine avec soin chaque demande. Il en est qui ont
été refusées, quand même la pension était assurée,
et on prononçait des admissions gratuites. C'est
aux plus malheureux que sont ouverts nos Asiles.

Il nous est toujours pénible de refuser l'admission à des êtres qui, à tant d'égards, auraient des
titres à leur entrée. Nous avons blessé plusieurs
amis par nos refus, nous le savons, mais c'est toujours en conscience et avec la résolution d'être
fidèle à notre mandat que le Conseil d'Administration a pris ses décisions.

Lorsque les infirmes qui nous sont présentés
possèdent encore leurs parents, nous désirons,

s'ils le peuvent, qu'ils les entourent chez eux de leurs soins. N'est-ce pas leur devoir? Nous devons conserver les places vacantes dans nos Asiles pour les orphelins malades et abandonnés ou du moins pour ceux dont les parents sont dans l'impossibilité de les soigner. Ce cas se présente souvent et nous vous donnons copie de l'une des dernières lettres que nous avons reçues. Dans sa prochaine séance, le Conseil d'Administration décidera du sort de cette pauvre enfant et de ses parents, plus malheureux encore (1).

F. C. de N., 26 décembre 1878.

« C'est la première fois que je prends la liberté de m'adresser directement à vous, quoique votre nom me soit depuis longtemps connu et que votre Œuvre excite mon admiration et sollicite mon intérêt actif depuis non moins de temps. Je ne pensais avoir jamais l'occasion de vous faire une demande, mais Dieu vient de mettre sur mon chemin une pauvre enfant que je viens à mon tour humblement recommander à votre bienveillance. Tant que son père a pu travailler, il n'a pas été

(1) Elle a été admise à l'unanimité.

question pour lui de se décharger sur autrui du soin de son enfant ; mais après un séjour de dix mois à l'hôpital, pendant lequel on lui a amputé à deux reprises la jambe gauche, le mal dont il souffrait s'étant déclaré à l'autre jambe et aux deux mains, il a été renvoyé comme incurable, et il est là chez lui, au lit, ne pouvant ni manger ni se remuer seul. Sa femme, depuis des années chétive, maladive, peut à peine le soigner et gagner quelques centimes : la charité publique a ici un champ d'action tout trouvé. Par-dessus toute cette misère, ce qui serre encore plus le cœur, c'est l'état de leur enfant qui n'a rien de repoussant, il est vrai, mais qui navre par la violence et la ténacité de ses manifestations. Elmire *** a eu huit ans au mois d'août. Elle est robuste et agile comme un chat. Elle articule difficilement quelques mots dont le nombre a pourtant augmenté depuis deux ou trois ans que je la connais.

Mais ses allures sont si capricieuses, sa volonté si tenace, qu'elle parvient toujours à ses fins, et que ni son père ni sa mère ne peuvent la maîtriser. Elle est parfois comme un petit démon ; je l'ai vue se rouler par terre en poussant des cris et se frappant la tête au plancher, parce que sa mère ne voulait pas lui donner son livre de compte à déchirer. Celle-ci m'a dit de plus qu'elle avait la nuit, de temps en temps, des crises qui m'ont paru, d'après la description, voisines de l'épilepsie.

J'envoie d'ailleurs, sous ce pli, la déclaration de deux docteurs, qui l'ont vue pendant que ses parents demeuraient à Neuchâtel.

J'ajoute que sa commune est disposée à payer pour elle une pension de 110 francs par an.

J'ai fini et je remets la chose au Seigneur et à votre prudence, vous priant de l'admettre, si possible, et d'agréer l'assurance de mon respect dans le Seigneur.

« P. B., P^r. »

Avant de terminer ce sujet dont vous comprenez toute l'importance, nous vous dirons un mot sur Le Repos. Par ce tableau, vous voyez que, sur onze demandes d'admission, nous n'avons admis que trois pensionnaires. Nous sommes plus difficiles encore pour les entrées dans cet Asile que dans les autres. Les demandes sont nombreuses. Bien des personnes honorables, possédant une petite rente, ont demandé à venir au Repos. Plusieurs nous assuraient leur capital après leur mort. Ces personnes pensaient, et avec raison, qu'elles seraient mieux soignées et plus confortablement logées que dans les maisons où elles sont en pension. Ces dames, pouvant vivre ailleurs, n'avaient aucun titre pour entrer au Repos, elles n'ont pas été admises. Le Repos a une mission spéciale à remplir. C'est un Hôtel des Invalides où nous ne devons recevoir que les veuves qui sont vraiment veuves, ou des personnes qui ont usé leur santé, dépensé leur fortune en vue du soulagement des autres et surtout de l'enseignement de la jeunesse.

Entrons maintenant dans les Asiles.

La Famille a quatre-vingt-sept pensionnaires. Si nous devions compter toutes celles qui, répandues dans le monde, se déclarent faire encore partie de La Famille, quel en serait le nombre ? La correspondance que ces chères filles entretiennent avec nous est des plus touchantes. Souvent leurs lettres sont accompagnées de dons provenant de leurs économies ou de petites collectes faites par elles. Plusieurs se sont mariées et nous envoient leurs filles. Que de fois les parents nous ont écrit : « Ce n'est pas dans La Famille qu'il se fait le plus de bien, c'est dans nos maisons, lorsque nos filles y sont rentrées rapportant les bons principes qu'elles ont reçus ; elles s'occupent de leurs jeunes sœurs, soignent leurs parents. » Nous avons aussi de très bons témoignages sur nos enfants de la part des maîtres chez lesquels elles sont placées. Nous apprenons d'autre part que plusieurs de nos jeunes filles ont su résister avec énergie à des tentations auxquelles elles ont été exposées. La directrice, la cuisinière de La Miséricorde et l'infirmière du Repos sont d'anciennes élèves de La Famille ; il en est qui sont placées dans des orphelinats comme lingères.

Nous voudrions qu'il n'existât point d'ombre au tableau. Hélas ! il en est quelques-unes qui ont mal tourné ; mais nous avons tout espoir d'un retour au bien.

La mort visite rarement La Famille ; cependant nous avons eu cette année un décès, celui d'une aimable petite fille enlevée par une méningite.

L'état sanitaire, les progrès à l'ouvroir, à l'étude, sont satisfaisants.

BÉTHESDA

a soixante-quinze pensionnaires. A pareille époque, l'année dernière, nous en avions cent deux. Cette diminution provient de ce que vingt-quatre jeunes filles sont entrées dans l'Asile La Miséricorde.

Béthesda est rentré dans sa vie normale. Les infirmes, les incurables, les aveugles, les jeunes filles faibles d'esprit ou les idiotes susceptibles d'un développement intellectuel, sont réunies sous ce toit et vivent ensemble, mettant en commun leurs joies et leurs souffrances, et s'aidant mutuellement. Quelques-unes de nos malades, jeunes encore, prennent régulièrement des leçons; une institutrice est chargée de les donner. D'autres s'occupent spécialement de la couture et d'ouvrages de fantaisie. Mais, en dehors des classes, Béthesda ne forme qu'une même famille, dont chaque membre a une histoire de souffrances à raconter, car les infirmités les plus diverses se sont donné rendez-vous dans cet asile. De jolis ouvrages sortent de notre ouvroir. Hélas! plusieurs de nos malades travaillent avec une seule main, même sans main, avec deux moignons, et nous sommes étonnés de ce qui peut être fait avec patience et avec effort sans doute dans de semblables circonstances. Plusieurs visiteurs nous ont dit : « Si nous ne l'avions vu, nous ne pourrions croire que cette enfant pût si bien coudre et écrire. »

Béthesda a traversé une année de deuil. Cinq jeunes filles nous ont été enlevées après de longues et douloureuses maladies endurées avec une soumission complète à la volonté de Dieu.

Notre chère maîtresse de couture, mademoiselle Sophie Poisson, âme bien dévouée, aussi précieuse par l'affection qu'elle avait pour nos enfants que par ses capacités comme maîtresse de couture, nous a été enlevée après une courte maladie. Nous ne l'avons pas encore remplacée.

La mère de notre chère directrice nous a aussi été enlevée. Agée de quatre-vingt-quatre ans, elle avait conservé toute sa présence d'esprit. Pendant vingt ans, elle a montré à nos enfants ce que peut une femme quand elle est animée de l'Esprit de Dieu. Douce, ayant toujours ses deux mains à l'ouvrage, elle possédait cette piété des bons vieux temps qui parlait plus par la sainteté de la vie et l'amour du prochain qu'en ayant le nom du Seigneur sans cesse sur les lèvres.

EBEN-HÉZER

Il y a un an, à cette époque, cet Asile avait cinquante filles épileptiques. A ce jour, il en a quarante. Dix pensionnaires ont été transférées à La Miséricorde. Il est à craindre que nous serons obligés d'y en envoyer d'autres. Cette épuration ne s'est pas faite sans saignement de cœur. Nos directrices de Béthesda et d'Eben-Hézer étaient comme des mères auxquelles on enlevait leurs enfants. Ce qu'il y avait aussi de touchant, c'était l'union qui existait entre toutes ces compagnes d'infortune. Celles qui partaient pour La Miséricorde manifestèrent peu ou point d'émotion, mais celles qui restaient éprouvèrent une vive douleur à l'ouïe de la dure condamnation qui venait d'être prononcée contre leurs amies.

C'est le Comité des Dames qui a choisi dans nos Asiles les malheureuses qui devaient peupler La Miséricorde; dans des circonstances semblables, leur concours nous est bien précieux et nous paraît de plus en plus nécessaire.

Eben-Hézer a repris une physionomie sereine et tranquille. Oui... tranquille... « Sommes-nous vraiment parmi des épileptiques ? » se sont écriés bien des visiteurs, surpris du calme qui règne dans cet Asile. Nos chères malades, depuis la séparation qui a été opérée, jouissent d'un repos relatif bien considérable. L'aspect de l'Asile est changé. On ne voit plus ces créatures hideuses qui se roulaient dans diverses positions, n'ayant point conscience d'elles-mêmes.

Nous nous demandons souvent s'il ne serait pas bon d'avoir à Eben-Hézer quelques chambres bien modestes pour recevoir des personnes qui, par leur âge et leur position sociale, ne peuvent être placées dans un dortoir. Nous avons déjà trois chambres occupées et nous n'en avons plus de disponible. A notre grand regret, nous avons dû refuser, pour ce motif, de recevoir une jeune épileptique de bonne famille, dont les parents étaient obligés de se séparer. On nous offrait une pension bien élevée si nous pouvions donner une chambre particulière et tous les soins réclamés par l'état de la jeune fille. Cela nous était impossible, et nous avons appris peu après, avec une grande douleur, qu'on l'avait placée dans un couvent et que *des sœurs* veillaient sur elle. Cette brèche dans notre protestantisme devait-elle avoir lieu ? Quand nous trouverons deux amies comme celles qui ont fondé La Miséricorde, nous offrirons aux familles protestantes aisées un Asile où *nos sœurs* prendront soin de ces pauvres filles affligées d'un mal si mystérieux.

L'état sanitaire d'Eben-Hézer est très satisfaisant.

SILOÉ

Le nombre de nos infirmes s'est accru. Il y a un an nous avions quatre-vingt-un pensionnaires, nous en avons maintenant quatre-vingt-dix, et les demandes d'amission abondent. Que faut-il faire Malgré notre désir d'admettre tous les malheureux, nous devons faire un choix, et c'est là toujours une grande difficulté dans nos séances du Conseil d'administration. Il y a tant de motifs d'admettre celui-ci, et tant d'autres de ne point refuser celui-là. Souvent il nous est arrivé de recevoir les deux infirmes qui, à leur insu, se disputaient la seule place dont nous pouvions disposer. D'autres fois on nous a écrit : « Quelle douloureuse nouvelle pour notre pauvre infirme lorsqu'on lui a dit que son admission dans Siloé n'était pas possible. » Et lorsque, peu de temps après, le même ami nous écrivait : « Il n'a plus besoin de vous, il est mort! » quel coup ce fut pour notre cœur; nous n'avions rien fait pour lui.

Malgré la diversité des maladies et infirmités que nous avons à soigner, l'état sanitaire a été satisfaisant. Nous n'avons eu qu'un seul décès pendant cette dernière année, celui d'un petit orphelin de six ans qui nous était arrivé mourant. L'état moral et religieux s'est développé d'une manière satisfaisante. Nous n'avons pas encore atteint le but, mais nous sommes encouragés dans notre Œuvre.

Notre classe continue à nous donner de la joie, et dans le concours qui eut lieu entre les écoles des neuf communes du canton de Laforce, c'est un des élèves de Siloé qui fut nommé le premier, laissant le deuxième de onze points en arrière. Ce petit succès vous montre que nous ne négligeons pas l'instruction de nos garçons. Parmi ceux qui nous ont quittés, plusieurs se sont placés dans des bureaux.

BÉTHEL

Nous n'entrerons pas ici dans l'exposé des tristes tableaux qui s'offrent à nous dans cet Asile de douleur. Nous n'avons pu, comme à Eben-Hézer, faire un partage de nos malades ; le pourrons-nous un jour ? Ici toutes les infirmités du corps et de l'intelligence sont réunies, et à côté de jeunes gens frappés par la maladie, mais possédant leurs facultés intellectuelles, nous en voyons qui n'ont point conscience d'eux-mêmes.

Ceux qui le peuvent sont soumis à certains travaux : les uns sont vanniers, les autres tailleurs. L'état de jardinier est celui qui leur convient le mieux, qui peut les dompter dans un moment de surexcitation, qui leur ouvre l'appétit, et leur procure un bon sommeil.

Hélas ! un bon sommeil ! Un de nos chers garçons a été trouvé inanimé dans son lit. La congestion causée par une crise lui avait porté un coup mortel pendant son sommeil. Le soir, en se couchant, il paraissait si heureux ; le matin, il n'était plus.

Un aimable jeune homme qui avait reçu une

bonne éducation nous a aussi été enlevé : chaque nouvelle brèche est un deuil pour l'Asile et pour nos chers directeurs. Nous nous demandons cependant s'il n'est pas moins douloureux de voir nos chers garçons nous être subitement enlevés que de les voir perdre l'intelligence et devenir idiots.

Nous ne pouvons résister au désir de jeter quelque clarté sur toutes ces tristesses, en transcrivant ici une partie du compte rendu fait par M. le pasteur Delapierre, de la fête du nouvel an donnée à nos épileptiques.

« Il est difficile de raconter la petite fête de Béthel; c'est une chose à voir et non à décrire; certains détails feraient sourire ou paraîtraient insignifiants; mais non, rien n'est insignifiant dans ce milieu. Les pauvres épileptiques, si insensibles à certaines choses du dehors, sont, pour ce qui les touche de près, d'une sensibilité exceptionnelle. Nous en avions tout récemment un exemple. Un de leurs camarades était mort subitement une dizaine de jours auparavant : tout Béthel en avait été bouleversé. Je n'ai jamais vu de jeunes hommes aussi sérieusement impressionnés, aussi désireux de se préparer au délogement, que ces quinze à vingt épileptiques qui entouraient le cercueil de leur camarade. Le jour de la fête, un seul mot sur ce sujet en aurait fait pleurer plusieurs; peut-être aurait-il provoqué des crises. L'on comprend donc que, tout en voulant donner à ces malheureux la plus grande mesure possible de bonheur et de joie, notre cher directeur, qui connaît son terrain de si longue date, ait tenu à enlever à cette réunion tout ce qui aurait été de nature à en surexciter quelques-uns.

« Cependant l'arbre traditionnel, un joli pin, gracieux, fut garni de bougies. Les volets étaient fermés et la salle se remplit. A peine était-elle au complet, à peine les yeux des plus jeunes commençaient-ils à briller de joie et d'espérance, que deux crises successives venaient nous rappeler où nous étions, et de qui nous étions entourés. Le calme se rétablit sous l'influence des cantiques et de la prière. Comme ils chantaient de bon cœur un cantique de Noël! comme ils étaient heureux! Ils se sentaient honorés de la présence de tous leurs directeurs, des dames, des amis qui avaient tenu à se joindre à leur réjouissance.

« Aux épileptiques de Béthel M. Bost avait réuni tous les estropiés, les paralytiques de Siloé. Vous voyez d'ici cette assemblée. Tout ce que les deux Asiles de garçons renferment de plus douloureux y était, au nombre de soixante-dix à quatre-vingts... »

Oui, chers bienfaiteurs, nous chercherons toujours à donner à nos chers garçons, si affreusement torturés par leur maladie, toutes les joies possibles.

Nous recevons de la part des parents des paroles bien touchantes nous exprimant leur reconnaissance pour les soins qui ont été donnés à leurs enfants. Ils ont pu voir de quel amour les ont entourés les chers directeurs. Nous en dirons autant des directeurs et directrices des autres Asiles. Les soins, la nourriture appropriée à l'état des malades, la propreté, c'est à quoi nous nous attachons en premier lieu. Mais nous savons qu'il y a des maladies qui ne se guérissent que « par le jeûne et par la prière. »

M. Delapierre termine son récit sur la fête de Béthel par ces mots : « ... Et par-dessus tout, on sent là le souffle constant de l'Esprit de Dieu; on sent la présence réelle et toujours bénie de Jésus-

Christ qui est au milieu des siens, et n'abandonne aucun de ceux qui se consacrent à son service... »

LE REPOS

Cette famille bénie a son histoire particulière, touchante, remplie de larmes et de consolations. Il est des douleurs trop profondes pour qu'elles puissent être mises au jour, ou, si elles apparaissent à la lumière, il faut bien vite les cacher à l'ombre du Tout-Puissant. Nous respectons par notre silence les chères âmes qui nous sont confiées. Le Repos a une belle place dans le cœur de nos amis, et les habitantes de cet Asile bénissent le nom de leurs bienfaiteurs. La paix est à l'intérieur et nous remettons Le Repos en toute confiance aux cœurs qui savent pleurer avec ceux qui pleurent.

LA RETRAITE

La direction de cet Asile nous a donné un peu de peine vu l'absence d'un personnel directeur, et les habitudes prises durant cette irrégularité.

Nous avons eu le bonheur de trouver une directrice il y a quelques mois, et l'intérêt dont elle entoure nos malades, les soins et en même temps la fermeté de son administration ont eu justice du malaise général qui se faisait sentir. Ce n'est pas chose facile de maintenir l'ordre dans un intérieur composé d'éléments divers, peu disciplinés. Il est plus difficile encore de le rétablir lorsqu'il avait disparu. Nous sommes heureux de dire que tout marche bien maintenant, et que ce modeste Asile aura lui aussi fait du bien à plusieurs. Nous pourrions raconter bien des faits intéressants qui suffiraient à justifier l'existence de La Retraite. Comme nous l'avons dit au sujet du Repos, nous devons être très prudents dans les admissions à La Retraite. Nous ne recevons que les femmes qui ont des droits à la charité de l'Église.

LA MISÉRICORDE

Cet Asile a été ouvert avec trente-six pensionnaires. Les devanciers, on se le rappelle, ont eu des débuts bien modestes et s'ouvraient avec une petite famille de deux ou trois personnes, qui s'est rapidement développée. Ici, nous l'avons dit, Béthesda et Eben-Hézer nous ont fourni ces trente-six pensionnaires, et nous pensons que ce nombre va augmenter sous peu.

Le 16 mai 1878, l'Asile La Miséricorde fut ouvert à ces pauvres créatures, chez lesquelles il reste à peine quelques signes de « l'homme créé à l'image de Dieu. » La dédicace de cet Asile eut lieu le jour de notre fête annuelle. Tous les journaux religieux ont rendu compte de cette belle fête chrétienne. M. le pasteur Delmas, de Bordeaux, dans le *Christianisme*; M. le pasteur Delapierre dans l'*Eglise Libre*; M. le pasteur A. Bost, dans les journaux de Genève. M. le pasteur Dhombres, de Paris, avait occupé la chaire le matin. M. le professeur Jean Monod présidait la Séance des Asiles. De nombreux pasteurs se firent entendre. Cette journée ne sera jamais oubliée. L'auditoire était nombreux devant cette maison d'un aspect gracieux, construite, on se le rappelle, par la libéralité de deux amies des Asiles. M. le professeur Jean Monod présidait cette cérémonie et la prière de consécration fut prononcée par M. le pasteur Dhombres, de Paris.

Bientôt arrivèrent les hôtes de la Miséricorde,

traînées dans de petites voitures ou portées sur les bras de nos fortes idiotes. Plusieurs faisaient entendre des cris plaintifs, d'autres riaient aux éclats, les dernières enfin laissaient tomber leurs têtes, leurs bras dans tous les sens. Accompagnées par leurs directrices, elles entrèrent dans l'Asile décoré de guirlandes et de fleurs, et pendant que leurs compagnes des autres Asiles chantaient des cantiques.

Le moment le plus touchant fut celui où les deux directrices de Béthesda et d'Eben-Hézer remirent leurs enfants entre les mains de la directrice de La Miséricorde. Ces trois femmes, debout, recevaient comme une consécration publique au saint ministère, et quel ministère que le leur ! L'Église, les Asiles étaient là pour dire à ces femmes : « Nous vous bénissons au nom de l'Éternel. »

L'auditoire se dispersa pour visiter cette demeure si bien appropriée aux exigences du nouvel Asile. Il fut admiré de tous. Les dortoirs bien aérés avec leurs cabinets de toilette au nord, les lits recouverts d'une housse bleue ; la belle cuisine avec tous ses ustensiles neufs, les salles avec leurs petits lits de camp, où les enfants devront passer leur temps les jours de pluie ; les cellules, les salles à bain, furent inspectés par tous nos visiteurs, surpris de voir tous les avantages réunis dans cette maison à l'usage de nos pauvres infirmes.

Huit mois se sont écoulés depuis la dédicace, et nous avons pu, mais sans suprise, nous rendre compte des difficultés que rencontreront notre directrice et ses aides. Parmi ces créatures qui nous rappellent les démoniaques dont parle l'Écriture, se trouvent des jeunes filles d'une force prodigieuse. L'une d'elles, dans ses moments de fureur, a saisi par deux fois la directrice comme pour l'étouffer. Elle a dû être mise en cellule, mais là encore elle a déchiré ses vêtements, et la camisole de force qu'on avait dû lui mettre.

D'autres, sans arriver à cet état de démence, ont des crises violentes qui nécessitent leur réclusion momentanée. Nos cellules sont planchéiées, les murs sont en cartelage poli pour éviter qu'elles se fassent du mal. C'est par des bains fréquents et des douches que nous arrivons le mieux à les calmer.

Nos gardes-malades sont des jeunes filles faibles d'esprit qui habitaient Béthesda ou qui,

ayant eu une santé délicate, une infirmité quel-
conque, ont pu cependant s'occuper des plus malades et se sont habituées à les soigner. L'une
d'elles a habité Eben-Hézer comme malade. Les
crises ont disparu, et elle utilise ses forces à La
Miséricorde. Ces chères jeunes filles se consacrent
avec dévouement à nos enfants les plus repous-
sants. Nous ne saurions dire ici tous les soins
dont elles sont l'objet. Il est peu de visiteurs qui
aient pu supporter la vue de toutes ces enfants
réunies.

Nous pourrions difficilement rendre compte de
l'emploi du temps de nos pensionnaires à la Miséricorde. Les unes passent leurs journées assises
sur de petits fauteuils particuliers, les autres res-
tent étendues sur de petits lits de camp. Plusieurs
courent dans le jardin sans savoir où elles dirigent
leurs pas. On voit aussi de petits groupes qui en
se promenant essaient de chanter un cantique
bien connu. Hélas! à ces cantiques, elles ajoutent
souvent tous les mots qui leur viennent à l'esprit;
d'autres fois ce sont les accents les plus profonds
d'une prière. Au jour de l'éternité, nous appren-
drons quels sont les chrétiens qui ont le mieux
chanté et le mieux prié.

BULLETIN SANITAIRE

Nous, soussignés, A. Clament, médecin ordinaire des Asiles de Laforce, et L. Barraud, docteur en médecine à Bergerac, ancien médecin-major de l'armée et des mobiles de la Dordogne, certifions avoir visité le 21 janvier 1879 les locaux et le personnel des divers établissements dirigés par M. John Bost, à l'effet de consigner dans le présent rapport le résultat de nos observations.

L'impression produite sur nous par cette inspection a été la même que celle des années précédentes, c'est dire assez qu'elle a été excellente à tous égards.

Les Asiles de Laforce sont une de ces choses rares qu'on peut voir et revoir pendant de longues années avec une satisfaction et un intérêt toujours croissants; un de ces établissements que l'on peut souvent parcourir sans que votre admiration première coure le risque de se démentir ou de se lasser; un de ces établissements enfin dont on peut dire en toute vérité, après chaque nouvelle visite :

Le voyant de plus près, je l'admire encor plus.

Les conditions hygiéniques de ces Asiles, la situation et la disposition des divers locaux, l'aération, le chauffage, la ventilation des salles ; la propreté des chambres, des vêtements, du linge et des personnes ; la qualité et la quantité de la nourriture ; les occupations et les travaux physiques ou intellectuels, auxquels se livrent les pensionnaires, sont aujourd'hui ce qu'ils étaient hier, c'est-à-dire parfaitement bien entendus.

Les soins incessants et éclairés, la sollicitude touchante et vraiment paternelle dont les dignes collaborateurs de M. Bost entourent les pauvres infirmes qui leur sont confiés, font que la santé de ces malheureux se maintient aussi satisfaisante que possible. Cette année-ci, pas plus que les années précédentes, nous n'avons constaté d'affections aiguës ou accidentelles graves. Les maladies, presque toujours mortelles ou incurables, qui constituent, pour ainsi dire, le seul titre d'admission dans l'établissement, ont sans doute ici comme ailleurs poursuivi les étapes fatales et prévues de leur marche habituelle.

Elles ont mis un terme à la vie et aux souffrances de quelques-uns de nos infirmes ; mais le nombre des décès n'a pas été, en somme, sensiblement plus élevé chez eux que le chiffre de la mortalité générale. De plus, nous avons pu constater chez quelques malades des améliorations vraiment remarquables produites par la seule influence du milieu et des soins hygiéniques qu'ils ont trouvés à Laforce. Ces résultats si encourageants ont été obtenus plus particulièrement sur des épileptiques et des scrofuleux que des traitements persévérants et bien entendus n'avaient pu soulager avant leur entrée aux Asiles. Les progrès d'une ataxie locomotrice nous ont même paru notablement ralentis chez un des malades de Siloé.

Il n'est pas jusqu'aux malheureux pensionnaires de Béthel, et surtout de La Miséricorde, idiots épileptiques et gâteux à la fois, qui ne semblent éprouver quelque influence favorable des nouvelles conditions où ils se trouvent placés, depuis que, grâce à la situation et à l'aménagement des bâtiments qu'ils habitent, on peut les entourer des soins multipliés que leur état exige, et leur prodiguer sans mesure l'espace, l'air et la lumière.

Nous ne voulons pas omettre de signaler encore une fois, en terminant ce rapport, l'air de sérénité, de paix, de contentement même, qui règne sur la physionomie de ces malheureux déshérités de la nature et de la société, presque tous incurables, presque tous enfermés, pour ne sortir de ces Asiles, hélas! qu'à la mort.

Infortunés que la charité chrétienne a voulu recueillir, et qu'elle a su consoler dans cet Asile aux portes duquel le matérialisme n'aurait su qu'écrire : « Laissez en entrant toute espérance. » Cet air de sérénité et de paix que nous admirons sur la physionomie des pensionnaires de Laforce, et qui est le trait caractéristique des établissements dirigés par M. Bost, a toujours frappé d'étonnement ceux qui les parcourent pour la première fois.

Cet étonnement cesse, mais pour faire place à un étonnement et à une admiration d'une autre nature, quand on connaît mieux Laforce, et qu'on a pu, remontant des effets à la cause, apprécier à sa juste valeur la sollicitude incessante, le dévouement complet, l'affection sans bornes que l'âme du directeur des Asiles a trouvé le secret de communiquer à tous ceux qu'il associe à son œuvre. Que dirons-nous encore? Puisse-t-il, dans les inspirations de cette charité chrétienne

qui seule le rendit capable de concevoir et d'exécuter cette Œuvre, trouver encore les moyens les
plus efficaces pour la consolider et en assurer
l'avenir!

A. CLAMENT.
L. BARRAUD.

SITUATION FINANCIERE

Que n'avons-nous le don de la multiplication
des pains, celui de guérir les impotents sans or et
sans argent et de rendre la vue aux aveugles.
Combien notre tâche alors serait facile; mais, pas
d'illusions : il nous faut cet or et cet argent. Nous
ne pouvons vivre de christianisme sentimental en
dehors des réalités de l'existence. Au temps du
Sauveur, les pauvres étaient déjà entretenus avec
l'argent provenant de la libéralité des chrétiens.
Jésus admirait la veuve qui donnait sa pite, et
Celui qui est la charité même était entretenu par
des femmes qui l'assistaient de leurs biens.

Vous avez déjà vu par le tableau ci-contre que
l'année 1878 a été close avec un déficit de

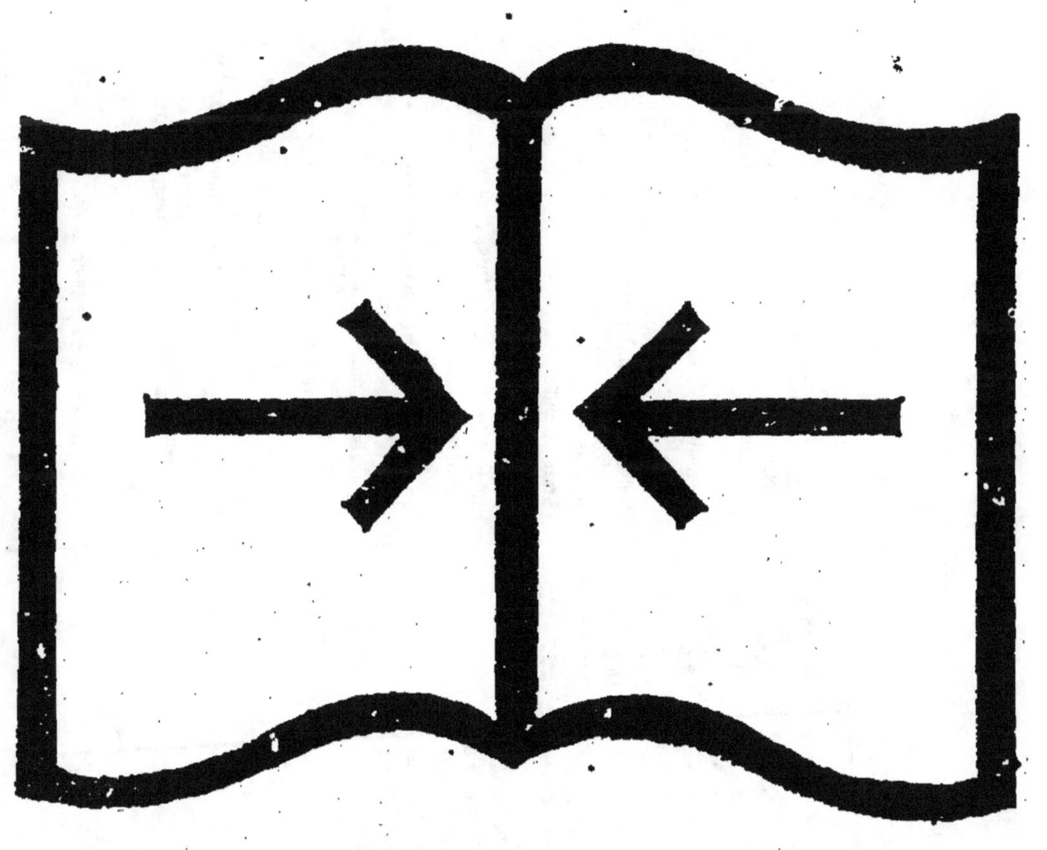

RELIURE SERRÉE
ABSENCE DE MARGES INTÉRIEURES

RELEVÉ DES RECETTE T DES DÉPENSES

Exercic 1878

RECETTES

Pensions.	55,915 29
Dons.	59,974 45
Produit des jours.	56,500 »
Rentes.	4,613 99
Collectes.	13,629 30
Ventes.	2,903 50
Loteries.	1,234 20
Société du Sou protestant.	722 35
Recettes diverses.	13,304 10
Total des recettes	208,827 18
Passif au 31 décembre 1878.	15,236 54

Un legs de 10,000 fr. et un don de 10,000 fr., provenant de la même famille, nous ont été faits, pour servir à l'achat d'un titre de rente 5 %. Mais le cours de cette valeur étant trop élevé, les Donateurs veulent bien nous payer l'intérêt de cette somme jusqu'à ce que l'achat puisse être fait dans de meilleures conditions.

Total égal aux dépenses.	224,063 72

Le secrétaire comptable,
DOLPHE LAFARELLE.

DÉPENSES

assif au 31 décembre 1877	4,123 74
ourriture	64,903 82
picerie	6,822 75
étements	16,325 20
ingerie	4,513 60
lercerie.	2,723 40
lanchissage et repassage	414 90
clairage et combustible	7,041 10
Meubles et ustensiles.	6,219 »
Service de santé	2,019 20
Frais de bureau	289 05
Correspondance	1,077 35
Rapports et imprimés	5,916 35
Bibliothèque, abonnements, classes.	696 20
Salaires	27,338 15
Frais de voyage	4,894 30
Chevaux et voitures, sellerie et divers.	7,387 60
Impôts et assurances.	1,733 10
Enregistrement, acte de rétrocession	4,115 »
Constructions et réparations	38,130 55
Dépenses diverses.	17,379 36
Total des dépenses.	224,063 72

Certifié conforme aux livres.
HENRI COUVE,
GUSTAVE BOY.

Laforce, le 24 janvier 1879.

15,236 fr. 54 c. Après avoir fait ce qui était en mon pouvoir pour niveler notre situation, j'ai remis, le 31 décembre au soir, ce déficit malheureux entre les mains de mon Dieu. Il me semblait qu'après une année si prospère à tous égards, il eût été désirable que nous pussions présenter à nos amis un boni, et non point un déficit.

En réalité pourtant nous avons un boni ; nos recettes ont dépassé nos dépenses d'une somme de 8,887 fr. 20 c.

En défalquant le passif de 1877, soit 4,123 fr. 74, nos dépenses se sont élevées à 219,939 fr. 98 c.

Le legs de 10,000 fr. et le don de 10,000 fr., en tout 20,000 fr., convertis en rentes sur la demande des donateurs, ajoutés à nos recettes, donneraient :

Total des {	Recettes fr.	228,827	10
	Dépenses	219,939	90
	Boni	8,887	20

L'augmentation dans nos recettes est sensible : il ne reste pas moins vrai que nous sommes à découvert au 1er janvier 1879 d'une somme de 15,236 fr. 54 c., dont nous payons les intérêts.

Nous nous demandons avec étonnement, avec actions de grâces envers Dieu, comment il se fait qu'une somme aussi considérable nous ait été envoyée. A l'exception d'un voyage à Cannes, Nice et Menton, je n'ai fait aucune tournée de collecte. J'ajoute que, lorsque j'arrivais dans ces villes, les collectes étaient déjà faites. Je n'avais qu'à prendre l'argent qui souvent se trouvait déposé sur la table en face du Président de la séance.

Le jour viendra bientôt, je l'espère, où les Églises comprendront qu'il y va de leur dignité de ne plus laisser faire des tournées de collectes à de chers pasteurs déjà surchargés de travaux, et qu'on expose si souvent à tant d'humiliations pour ne pas dire plus.

Merci, chers bienfaiteurs, merci. Ah ! si vous saviez avec quelle émotion ce merci sort de mon cœur. Je sais bien que vous me direz, comme déjà on l'a fait dans une réunion publique en réponse au « merci cordial » qui s'échappa de mes lèvres : « Quoi ! vous avez la plus grosse part des sacrifices et nous nous demandons comment vous pouvez suffire à la tâche. Pour nous, nous ne vous donnons que notre sympathie et notre argent. » Je ne vous demande rien de plus : « Achevez l'œuvre que vous avez si bien commencée, et puissent nos huit familles de déshérités, objet de votre tendre sollicitude, vous bénir tous les jours, dans leur douloureuse existence.

Une lettre que je reçois à l'instant me sert d'introduction au sujet dont j'allais vous parler. — Il me sera permis de citer une phrase.

« ... Je vous envoie un chèque de 300 francs pour le 30 courant, anniversaire de la naissance de notre bien-aimée et regrettée A.... »

Cette lettre est une réponse à un appel que j'adressai à nos amis il y a quelques années ; il y a été répondu d'une manière bien touchante. Voici ce que j'écrivais :

« Si nous pouvions trouver trois cent soixante-cinq amis qui voulussent se charger de l'entretien de nos Asiles pendant un jour chaque année, nous aurions nos ressources assurées. Il ne resterait à notre charge que les dépenses extraordinaires, constructions, réparations, mobilier, etc., etc. Ces jours nous seraient assurés autant que dans ce monde il est possible de prendre des engagements, en souvenir d'un deuil, d'une délivrance, ou d'une joie de famille. Nous enverrions à nos bienfaiteurs un bulletin bien détaillé de tous les événements qui se seraient passés dans nos Asiles pendant leur jour. Par ce moyen nos amis seraient toujours en relation intime avec ces huit familles de déshérités. »

J'ai l'amer regret d'avoir à dire à plusieurs de nos chers bienfaiteurs qu'il m'a été impossible, l'année dernière, de remplir cet engagement. Les voyages nécessités par les droits de rétrocession des Asiles, divers travaux, le triste état de ma santé, m'ont empêché de correspondre avec des amis qui cependant nous ont envoyé *leurs jours*. Des arrangements sont pris pour qu'à l'avenir nos bulletins soient envoyés régulièrement.

Quand j'eus l'idée de proposer ces *jours* à nos amis, les Asiles Le Repos, La Retraite, La Miséricorde, n'existaient pas. Nos dépenses journalières, nourriture, vêtement, etc., se montaient à 300 francs. Aujourd'hui elles s'élèvent à 500 francs. Quelques amis nous donnent cette somme pour l'entretien de leur jour, mais si de nouveaux bienfaiteurs voulaient nous assurer 300 francs, ce serait là un immense bienfait.

Ces *jours* nous ont produit la somme de 56,500 francs. Nous sommes heureux de pouvoir ajouter que plusieurs amis, pour nous assurer leur jour à perpétuité, nous ont acheté des titres de rente, les uns pour 500 francs, d'autres pour 300 francs. Une amie nous a fait un don de 25,000 fr. pour créer avec les intérêts deux bourses de 625 francs pour Le Repos.

En 1878, huit jours ont été assurés.

M. et Madame F. B. de M., en souvenir d'un fils bien-aimé.

Madame B. de B. en titre de rente 300 francs pour un jour, souvenir d'un époux bien-aimé.

M. et Madame J. S. de P., en signe de vraie sympathie.

Legs de M. N. J. de B., titre de rente pour assurer un jour, 500 francs.

La famille J. de B., titre de rente pour assurer un jour, 500 francs.

En souvenir d'une grande douleur de famille, Madame W. de B., un jour, 300 francs.

Par M. le pasteur N. de N., en souvenir d'un grand deuil, un jour, 300 francs.

Les missionnaires du Sud de l'Afrique.

Nous avons reçu plusieurs dons à l'occasion de deuils. Nous ne les mentionnons pas ici, n'ayant pas l'habitude d'indiquer les noms de nos donateurs. Il nous eût été bien doux de convertir ces dons en rentes sur l'État en souvenir de nos bienfaiteurs décédés. Nous l'avons fait quand cela nous a été demandé, mais nos dépenses journalières sont trop considérables pour que nous puissions nous priver de ces secours.

De divers côtés on m'a demandé quelle formule il faut adopter pour faire un legs aux Asiles de Laforce. Nous vous donnons ci-contre cette formule. N'oublions pas toutefois ce précepte de l'Écriture : « Fais aujourd'hui ce qui est en ton pouvoir. »

FORMULE D'UN TESTAMENT OLOGRAPHE.

Ceci est mon testament.

Je donne et lègue aux Asiles de Laforce (Dordogne)....

Fait....

Le....

(Signature.)

Ce testament doit être écrit en entier de la main du testateur.

Il doit être daté, jour, mois, année, en chiffres si l'on veut, avant la signature.

La signature doit être placée à la fin de l'acte.

Nous prions instamment les amis de l'Œuvre qui voudraient la faire profiter *intégralement* de la somme léguée par eux, de le spécifier dans leur testament. Sans cette condition expresse, les droits de succession seraient grevés d'un impôt très onéreux.

CONCLUSION.

L'année 1878 a été riche en bénédictions.

Nos Asiles sont entrés en possession de leurs immeubles, les droits de rétrocession sont payés. A l'intérieur, au point de vue moral, il y a une amélioration sensible. Les punitions ont été fort rares, les cas d'indiscipline ont disparu. La paix règne partout. Ce résultat serait-il dû à la salutaire influence de la piété ? « La piété a les promesses de la vie présente et de celle qui est à venir. » Nous aimons à l'espérer, bien qu'il nous soit difficile de pénétrer dans ces secrets des entretiens de l'âme avec Dieu.

La bonne entente qui règne parmi tout notre personnel directeur, la salutaire influence de ces ouvriers selon Dieu, humbles et modestes, accomplissant leur tâche souvent si pénible, comme si le travail était pour eux un repos, contribuent puissamment à calmer les esprits les plus excités.

Une bien vénérable et précieuse amie de nos Asiles, maintenant dans son repos, madame Babut, me disait, lors de sa dernière visite à Laforce : « J'admire la bonne entente qui règne parmi votre personnel directeur; la sérénité se lit sur tous les traits; on voit que la paix est dans le cœur pour permettre à tous de travailler à une même œuvre dans le même esprit. » Ces mêmes sentiments ont été exprimés par bien d'autres visiteurs.

La présence de M. le pasteur Delapierre comme aumônier des Asiles, celle de sa chère compagne, ont été en bénédiction. C'est notre Dieu qui nous les a envoyés pour cette année. Les instructions religieuses, les cultes, sont suivis avec régularité et profit pour nos pensionnaires. Il semble que l'Esprit de Dieu soit venu reposer sur ces humbles demeures par la présence de ces deux amis. Puissent-ils recueillir les fruits de leur pieux travail. Je comprends cette salutation de saint Paul : « Saluez Aquilas et Priscille. »

Malgré les décès que nous constatons, il y a eu progrès sensible dans l'état sanitaire. Ah ! sans doute, il y a de grandes souffrances dans des Asiles qui ne s'ouvrent qu'aux infirmes et aux malades, mais les médecins étrangers, les inspecteurs de l'Assistance publique qui nous visitent se demandent si, dans nos Asiles, ils sont entourés des misères qui leur ont été signalées.

Notre situation financière nous prouve que, si la charité de quelques-uns s'est refroidie, notre Dieu nous est resté fidèle et nous a suscité de nouveaux amis. Il est des souscripteurs d'un jour qui ont retenu leurs dons ; nous ne cherchons pas à sonder leurs desseins en privant le pauvre de ces sommes que Dieu leur a données pour venir en aide à « ces petits » et « au nécessiteux. » Heureux sommes-nous de dire qu'il a été pourvu à leur entretien par des « pites de la veuve » comme par des dons abondants. Ainsi, dans la même journée, nous avions reçu un don de 1 fr. 10 et celui de 20,000 fr. mentionné plus haut, et placé en rentes sur l'Etat. Cette manifestation de la charité des chrétiens nous rassure pour l'avenir. Vous n'abandonnerez pas « le troupeau des désolés, » vous soulagerez le cœur souvent chargé de soucis du directeur.

Une médaille d'or a été décernée aux Asiles par les membres du Jury de l'Exposition. C'est dans la classe de l'Assistance publique que nous avons obtenu cette distinction. En l'apprenant, nous nous sommes rappelé cette parole : « Afin que le monde, voyant vos bonnes œuvres, glorifie votre Père qui est aux cieux ! »

Et maintenant adieu ! Si la longueur de ce rapport vous a fatigués, vous trouverez du repos en pensant aux plus déshérités de la terre, chargés de maux, qui, grâce à votre libéralité, ont trouvé des Asiles qui leur procurent tant de consolations.

« Oh ! que bienheureux est celui qui se conduit sagement envers l'affligé » (Ps. 41, 1-3).

Votre respectueusement dévoué,

JOHN BOST.

Lu et approuvé en Conseil.
Laforce, 24 janvier 1879.

LES DONS ET SOUSCRIPTIONS SERONT REÇUS

FRANCE

A Laforce (Dordogne), par le pasteur JOHN BOST, directeur des Asiles.

A Paris, par MM. MALLET FRÈRES et Cᵉ, banquiers, 37, rue d'Anjou-Saint-Honoré.

PAR LES « SOCIÉTÉS ADOLPHE » CI-APRÈS :

A Alais, par Mˡˡᵉ ARBOUSSET, rue Fabrerie.

A Bordeaux, chez Mˡˡᵉ MARIE HOVY, 49, rue Traversière.

A Ganges, chez Mˡˡᵉ LOUISE AUSSET ou Mˡˡᵉ CAZALET.

A La Rochelle, chez M. le pasteur GOOD.

A Lyon, chez Mᵐᵉ OBERKAMPF-FITLER, 69, avenue de Saxe.

A Montauban, chez M. le professeur JEAN MONOD.

A Marseille, chez Mᵐᵉ MOULINE, 161, cours Lieutaud.

A Montpellier, chez Mᵐᵉ PAUL CASTELNAU, 34, rue Saint-Guilhem.

A Nîmes, chez M. le pasteur BABUT, rue Clérisseau, 21.

A Pau, chez Mˡˡᵉˢ OLIPHANT, CADIER, MARIE ÉLOUT et MALAN.

PAR LES BIENFAITEURS DONT LES NOMS SUIVENT :

A Annonay, chez Mˡˡᵉ JENNY GISCARD (Société de Bienfaisance).

A Bernis, chez M. le pasteur LAGET (Réunion de Dames).

A Cannes, chez F. ROBINSON WOOLFIELD, Esqre, villa Albert.

A Castres, chez Mme Ve CASTEL.

Au Havre, chez M. JULIEN MONOD, côte d'Ingouville.

A Menton, chez M. le pasteur DELAPIERRE et chez Mme DUDGEON, aux Grottes.

A Montagnac, chez Mlle GAZELLES (Société de Dames).

A Milhau, chez Mmes de CARBON FERRIÈRES et BOUBE.

A Nice, chez MM. les pasteurs CHILDERS et BURN MURDOCH.

A Rochefort, chez M. le pasteur CASALIS (Comité de Bienfaisance).

A Saint-Jean-du-Gard, chez Mlle EMMA FABRE.

A Saint-Hippolyte-du-Fort, chez M. GRASCH, instituteur.

A Saint-Affrique, chez Mlle EUGÉNIE VERNIÈRE.

A Mazamet, chez Mme ROUVIÈRE-HOULÈS.

ALSACE

A Mulhouse, chez Mme KŒCHLIN-VALLETTE, 7, avenue du Commerce.

A Strasbourg, chez Mlle M. RAUSCH, 5, rue des Mineurs.

SUISSE

A Genève, chez Mme BOUVIER-MONOD, rue Charles-Bonnet, 4, et chez Mlle CAROLINE GAUSSEN, 8, rue Eynard.

A Lausanne, chez M. GEORGES BRIDEL, libraire-éditeur.

A Neuchâtel, chez M. E. de PURY DE MARVAL.

GRANDE-BRETAGNE

A Blackheath, chez Miss Harrisson, Blackheath Park. Kent.

A Edimbourg, chez Miss Mackenzie, 16, Moray place.

A Glasgow, chez Timothée Bost, Esqre, 34, Lynedoch street

A Liverpool, chez W. Crosfield, Esqre, Annesly, Aigburth.

A Londres, chez MM. Ransom-Bouverie et Ce, 1, Pall Mall East, et chez MM. James Nisbet et Ce, 21, Berners street.

BELGIQUE

A Diest, chez M. Isebaert, officier de l'état-major des places.

MM. les libraires protestants et MM. les rédacteurs de journaux religieux, en France et à l'étranger, continueront, comme par le passé, à recevoir les dons qu'on voudra bien nous faire parvenir par leur intermédiaire.

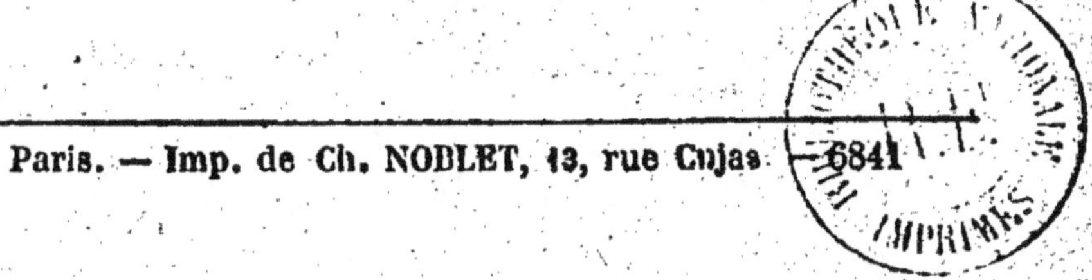

Paris. — Imp. de Ch. Noblet, 13, rue Cujas.

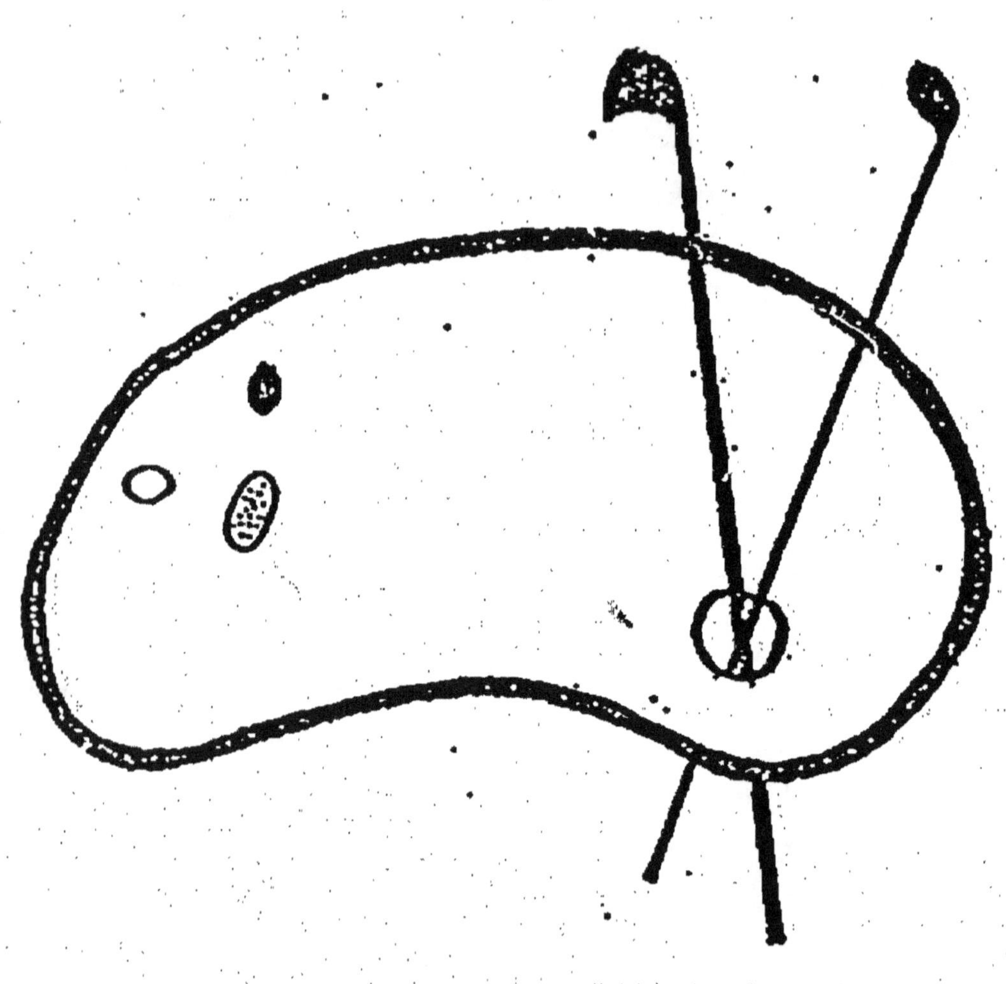

ORIGINAL EN COULEUR

NF Z 43-120-8